中学

まとめ上手

地 理

| The World and Japan | Some Areas of the World | Characteristics of Japan | Some Areas of Japan |

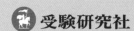

受験研究社

本書の特色

　この本は，中学地理の基礎・基本事項を豊富な図版や表を使ってわかりやすくまとめたものです。要点がひと目でわかるので，定期テスト対策用・高校入試準備用として必携の本です。

もくじ

4つのpartが
あるんだよ！

しくみと使い方

part**1** ～ part**4** 1節は4ページ、または6ページで構成しています。

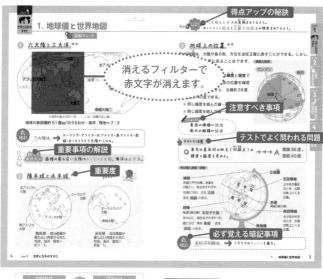

消えるフィルターで
赤文字が消えます。

得点アップの秘訣

注意すべき事項

テストでよく問われる問題

必ず覚える暗記事項

重要事項の解説

重要度

関連事項の比較

図解チェック

1～3ページ目、または1～5ページ目。

節を小項目に分け、それぞれの重要度に応じて★印をつけています（★→★★→★★★の3段階）。小項目は、解説文と地図・図表・写真などからなっています。

☑ チェックテスト

4（または6）ページ目は一問一答による節のチェックテストで、答えは右段にあります。

最重要事項暗記　3（または5）ページ目下には、ゴロ合わせとマンガでまとめた「最重要事項暗記」を入れています。

図解ファイル❶

特定のテーマについて、全体で3回、豊富な図表を用いたビジュアルな紙面でまとめました。

☑ まとめテスト

章末には、章の内容を復習できる「まとめテスト」があります。

part 1

世界と日本の
すがた

1. 地球儀と世界地図

📎 図解チェック

1 六大陸と三大洋 ★★

ユーラシア 大陸 1

北アメリカ大陸 3

大西洋

アフリカ大陸 2

太平洋 1

大西洋 2

インド洋 3

南アメリカ 大陸 4

オーストラリア 大陸 6

南極大陸 5

※名称のあとの 1～6、1～3は、面積の広い順。

地球の表面積約 5.1 億 km² のうちわけ…海洋：陸地＝ 7：3

丸暗記　六大陸は ➡ ユーラシア・アフリカ・北アメリカ・南アメリカ・南極・オーストラリア大陸からなる。

知っておきたい　面積の最も広い大陸はユーラシア大陸、海洋は太平洋。

2 陸半球と水半球 ★

海洋：陸地の割合をおさえよう！

北アメリカ
大陸

ユーラシア
大陸

大西洋

アフリカ大陸

南アメリカ
大陸

陸半球…陸地面積が
最も広い角度から見た
地球。海洋：陸地＝
約 1：1。

太平洋

オーストラリア
大陸

南極大陸

水半球…海洋面積が
最も広い角度から見た
地球。海洋：陸地＝
約 9：1。

得点↑UP! ● 六大陸と三大洋の**名称**をおさえよう。
● メルカトル図法と**正距方位図法**の**特色**をおさえよう。

part 1 世界と日本のすがた

part 2 世界のさまざまな地域

part 3 地域的特色日本の

part 4 日本の諸地域

③ 地球上の位置 ★★

❶ 地球儀は，大陸や島の形，方位をほぼ正確に表すことができる。しかし，世界全体を一度に見ることはできず，もち運びに不便である。

緯度と経度

❷ 地球上のすべての位置は**緯度**と**経度**で表すことができる。東京の位置を緯度と経度を用いて表すと，北緯約36度，東経約140度である。

● 同じ緯度を結んだ線―**緯線**
● 同じ経度を結んだ線―**経線**

Check!
東西の横線が緯線
南北の縦線が経線

テストで注意

Q 東京の真反対の地点（対蹠点）の緯度と経度を求めよ。 →→→ A 南緯36度，西経40度

地球儀と緯線・経線

緯線
赤道に平行な線。赤道を0度とし，南北をそれぞれ90度に分け，北を **北緯**，南を **南緯** と呼ぶ。

経線
経度0度の線（**本初子午線**）を中心に，東西をそれぞれ180度に分け，東を **東経**，西を **西経** と呼ぶ。

北極圏

北回帰線
北半球が夏至のとき，太陽が真上にくる位置。

赤道
緯度0度の線。

南回帰線
北半球が冬至のとき，太陽が真上にくる位置。

南極圏

丸暗記 本初子午線は → イギリスのロンドンを通る。

④ さまざまな世界地図 ★★

❶ メルカトル図法（図1）
- 緯線と経線が直角に交わる。
- 直線で結んだ2地点間の**角度**が正しい。
- 東西方向の最短距離は，曲線で表される。
- 高緯度ほど面積が拡大される。
- 海図に使われる。

図1

❷ 正距方位図法（図2）
- 図の中心からの**距離**と**方位**が正しい。
- 円の直径は，地球の円周の**4万km**を表す。
- 中心と結んだ2地点間の直線が**最短距離**となる。
- 周辺部の陸地の形は変形する。
- 航空図に使われる。

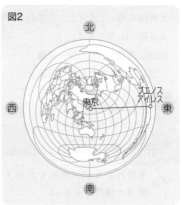

図2

❸ モルワイデ図法（図3）
- 面積が正しく表される。
- 分布図などに使われる。

✐ Check!

方位と距離を見るときは，
正距方位図法で描かれた
地図を見ること。

図3

最重要事項 暗記

海と陸, **7**:**3** 多く 海の勝ち
ナ　ミ

地球の表面積は，海洋が70%，陸地が30%を占める。
北半球では海：陸＝3：2，南半球では海：陸＝4：1。

北半球
南半球

☑ チェックテスト

part
1
世界と日本の
すがた

part
2
世界の
さまざまな地域

part
3
地域調査・日本の
地域的特色

part
4
日本の
諸地域

解答

□❶ 次は，六大陸を面積の広い順に並べたものである。
　①・②・⑥にあてはまる大陸は何か。
　①(　　　)　　②(　　　)
　③北アメリカ大陸　　④南アメリカ大陸
　⑤南極大陸　　⑥(　　　)

❶ ①ユーラシア大陸
　②アフリカ大陸
　⑥オーストラ
　　リア大陸

□❷ 三大洋のうち，最も広い海洋は何か。

❷ 太平洋

□❸ 地球の表面積の海洋と陸地の面積の割合は，およそ何対何か。

❸ 7：3

□❹ 右の地図は，陸半球・水半球のどちらを表しているか。

❹ 水半球

□❺ ❹の半球の海洋と陸地の面積の割合は，およそ何対何か。

❺ 9：1

□❻ 0度の緯線を何というか。

❻ 赤　道

□❼ ❻の緯線より北側の緯度を何と呼ぶか。

❼ 北　緯

□❽ ロンドンを通る0度の経線を何というか。

❽ 本初子午線

□❾ ❽の経線より東側の経度を何と呼ぶか。

❾ 東　経

□❿ 地球の形をほとんどそのままの形で縮小したものを何というか。

❿ 地球儀

記述 □⓫ ❿の欠点を答えよ。

⓫ (例)世界全体
　を一度に見る
　ことができず，
　もち運びに不
　便である。

□⓬ 右の地図は，東京を中心とした正距方位図法である。サンフランシスコは，東京から見てどの方角にあるか。

⓬ 北　東

□⓭ ⓬の図で，東京―サンフランシスコ間，東京―ロンドン間で距離が長いのはどちらか。

⓭ 東京―ロンド
　ン間

□⓮ ⓬の図は，東京からの何と何が正しいか。

⓮ 距　離，
　方　位

2. 世界の国々と地域区分

📎 図解チェック

1 世界の国々 ★

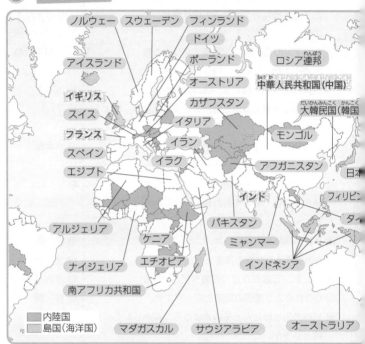

ノルウェー　スウェーデン　フィンランド
ドイツ
アイスランド　　ポーランド　　ロシア連邦
オーストリア　　中華人民共和国(中国)
イギリス
スイス　　カザフスタン　　大韓民国(韓国)
イタリア
フランス　　　モンゴル
イラン
スペイン
イラク　　アフガニスタン
エジプト　　　　　　　　　　　日本
インド　　　　フィリピン
アルジェリア　　パキスタン　　タイ
ケニア　　ミャンマー
ナイジェリア　エチオピア
インドネシア
南アフリカ共和国
■ 内陸国
■ 島国(海洋国)　マダガスカル　サウジアラビア　オーストラリア

❶ 国の数…約190の独立国。海に面していないモンゴルなどの**内陸国**,周囲を海に囲まれた日本などの**島国(海洋国)**がある。

❷ 独立国…**国民・領域・主権**の3つの要素をもつ国。

❸ 国境…国と国の境界。山や川などの自然を利用した国境線, 緯線や経線を利用した国境線(アフリカに多い)がある。

❹ 国名…スペイン語で「赤道」の意味をもつエクアドル, 人物名コロンブスにちなんだコロンビアなど, 国ごとに由来がある。

丸暗記
独立国は　➡　国民・領域・主権をもつ。

得点UP!
● 国名と国の位置を正確に覚えよう。
● 世界の六州の名称と地域区分をおさえよう。

アメリカ合衆国は
探検家アメリゴ=ベスプッチが
国名の由来だよ。

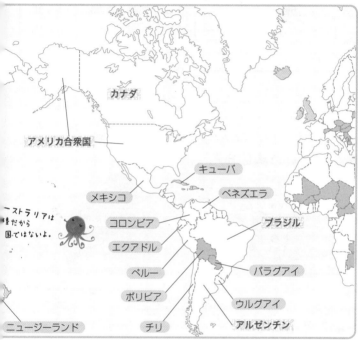

カナダ

アメリカ合衆国

キューバ

メキシコ

ベネズエラ

コロンビア

ブラジル

エクアドル

ペルー

パラグアイ

ボリビア

ウルグアイ

ニュージーランド

チリ

アルゼンチン

ーストラリアは
陸だから
国ではないよ。

❺ 国旗…イギリス国旗のユニオンジャックを取り入れたオーストラリア国
旗など，国ごとに由来がある。

テストで注意

Q オーストラリア国旗にユニオンジャックが入っている理由を歴史の面から説明せよ。 → → A （例）かつてオーストラリアはイギリスの植民地だったから。

知っておきたい

地球上には約190の国民・領域・主権をもつ独立国があり，内陸国と島国（海洋国）などに分かれる。

② 大きな国・小さな国，人口の多い国 ★

順位	面積の大きな国	面積(km²)
1	ロシア連邦	1710万
2	カナダ	999万
3	アメリカ合衆国	983万
4	中国	960万
5	ブラジル	852万
61	日本	38万

(2018年) (2020/21年版「世界国勢図会」)

順位	人口の多い国	人口(人)
1	中国	14.4億
2	インド	13.8億
3	アメリカ合衆国	3.3億
4	インドネシア	2.7億
5	パキスタン	2.2億
11	日本	1.3億

(2020年) (2020/21年版「世界国勢図会」)

❶ 面積…世界一面積の大きな国は**ロシア連邦**。世界一面積の小さな国は，イタリアの首都ローマにある**バチカン市国**(0.44km²)。

❷ 人口…世界人口は約**78**億人 (2020年)。世界最多は**中国**。

③ 世界の地域区分 ★★

アジア州の❶～❺
❶東アジア ❷東南アジア
❸南アジア ❹西アジア
❺中央アジア

Check!

アジア州の区分とオセアニア州の位置に注意しよう。

最重要事項 暗記

ユーラシア <u>ユー</u> と <u>アッシ</u> が
　　　　　 ヨーロッパ　　　アジア
手を結び

ユーラシアは，「ヨーロッパ」と「アジア」からなる混成語。

☑チェックテスト

解答

□❶ 世界にはいくつの独立国があるか。次から1つ選べ。
　　㋐ 約160　　㋑ 約170　　㋒ 約190

❶ ウ

□❷ 世界にある独立国の中で，面積の大きい上位３か国を順に答えよ。

❷ ロシア連邦，カナダ，アメリカ合衆国

□❸ 内陸国を次から２つ選べ。
　　㋐ モンゴル　　㋑ サウジアラビア
　　㋒ スイス　　㋓ フランス　　㋔ インド

❸ ア・ウ

□❹ 島国(海洋国)を次から２つ選べ。
　　㋐ スペイン　　㋑ キューバ　　㋒ ドイツ
　　㋓ ブラジル　　㋔ マダガスカル

❹ イ・オ

□❺ 右の地図のピンク色で示された国はどこか。

❺ チ リ

海岸線　国境線

□❻ 国名がスペイン語で「赤道」という意味をもつ，赤道直下の国はどこか。

❻ エクアドル

□❼ イタリアの首都ローマ市内にある世界で最も小さい国はどこか。

❼ バチカン市国

□❽ 次の各組の国のうち，同じ大陸にないのはどれか。
　　㋐ イランとイラク
　　㋑ アルジェリアとナイジェリア
　　㋒ パラグアイとウルグアイ
　　㋓ オーストラリアとオーストリア

❽ エ

□❾ 日本は，アジア州の中の何アジアに属するか。

❾ 東アジア

□❿ ユーラシア大陸は，六州の中の何州と何州からなるか。

❿ ヨーロッパ州，アジア州

□⓫ ロシア連邦は，六州の中の何州と何州からなるか。

⓫ ヨーロッパ州，アジア州

□⓬ オーストラリアは，六州のうち，何州に属するか。

⓬ オセアニア州

part 1

世界と日本の
すがた

3. 日本のすがた

月　日

📎 図解チェック

① 日本と同緯度，同経度の国々 ★

❶ 同緯度の国…韓
国・中国・イラン・
トルコ・エジプト・
スペイン・アメリ
カ合衆国など。

❷ 同経度の国…オー
ストラリアなど。

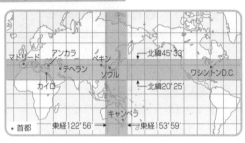

🐰 知って
おきたい 北緯40度，東経140度の線が秋田県大潟村を通る。

② 日本と世界との時差 ★★★

❶ 地球は24時間で360度
回転するので，**経度15
度ごとに，1時間の時差
が生じる**。**日付変更線**を
西から東へ越えるときは
日付を1日遅らせ，東か
ら西へ越えるときは，1
日進める。

❷ 日本では，兵庫県明石市を通る**東経135度**の経線を標準時子午線とし
ている。**経度0度**の**本初子午線**が通るイギリスとの経度差は(135 − 0)
度。時差は(135 − 0)÷15＝9時間。イギリスより東に位置する日本
のほうが時間や日付が進んでいる。

✏️ Check!

東半球どうし（西半球どうし）の2点間の時差
　（数値の大きい経度ー数値の小さい経度）÷15＝2点間の時差
東半球と西半球にまたがる2点間の時差
　（東半球の地点の経度＋西半球の地点の経度）÷15＝2点間の時差

③ 日本の位置 ★★★

❶ 日本の国土面積は約**38万km²**，長さ約**3000km**で，細く弓のようにのびる。

❷ 日本列島は**北海道・本州・四国・九州**の４つの島と，その周辺の島々からなる。

丸暗記 ❸ 日本は**島国（海洋国）**で**太平洋・日本海・オホーツク海・東シナ海**に囲まれている。

日本の領域と排他的経済水域

■ 日本の排他的経済水域（領海も含む）
※一部については関係する諸国と交渉中。

カムチャツカ半島
オホーツク海
樺太（サハリン）
ロシア連邦
千島列島
択捉島
中国
北朝鮮
韓国
国土の北端（北緯45°33′）
国土の東端（東経153°59′）
太平洋
伊豆諸島
小笠原諸島
南鳥島
与那国島
尖閣諸島
沖ノ鳥島
国土の西端（東経122°56′）
国土の南端（北緯20°25′）

④ 日本の領域 ★★★

❶ **領域**（国の主権がおよぶ範囲）は**領土・領海・領空**からなる。

❷ 日本の端の島は次の４島である。

丸暗記
北端…**択捉島**
東端…**南鳥島**
南端…**沖ノ鳥島**
西端…**与那国島**

❸ **排他的経済水域**は沿岸から**200海里**（約370km）のうち，領海を除く部分を指す。

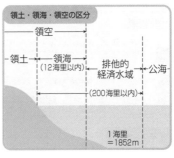

領土・領海・領空の区分

領空
領土 — 領海（12海里以内） — 排他的経済水域（200海里以内） — 公海
1海里＝1852m

● 水域内の水産資源や鉱産資源は，沿岸国が管理する。

● 日本の排他的経済水域は国土面積の**10倍**以上ある。

知っておきたい 日本の領海・排他的経済水域の面積は世界**第6位**である。

⑤ 日本の領土をめぐる問題 ★★★

丸暗記 ❶ **北方領土**は，**択捉島**・**国後島**・**色丹島**・**歯舞群島**からなる，**日本固有の領土**である。

北方領土の位置

- 周りの海域はますやさけなどの豊富な水産資源に恵まれている。
- 戦後，ソビエト連邦が占領。ソ連解体後は**ロシア連邦**がこれを引き継ぎ不法に占拠を続けており，日本は返還を求めている。

❷ **竹島**は島根県に属する島で，**日本固有の領土**である。
- 島の周辺は，暖流の対馬海流と寒流のリマン海流がぶつかり合うため，水産資源が豊かである。
- 現在，**韓国**が不法占拠を続けている。

❸ 東シナ海にある**尖閣諸島**は沖縄県に属する島で，**日本固有の領土**である。
- 周辺の大陸棚には石油などの資源が埋蔵されている可能性が高い。
- **中国**などが領有権を主張しているが，日本が実効支配を続けており，解決すべき領土をめぐる問題は存在しない。

竹島の位置

尖閣諸島の位置

テストで注意

Q 日本の南端の沖ノ鳥島で右の写真のような護岸工事が行われたのはなぜか。

↓

A (例)日本の排他的経済水域を確保するために，島を波の侵食から守るため。

⑥ 都道府県と都道府県庁所在地 ★★

❶ 都道府県…地方政治を行うための基本の単位で，**1都1道2府43県**に分かれている。

❷ 都道府県庁所在地…都道府県の政治の中心となる都市で，都道府県庁や都道府県議会が置かれている。城下町や門前町など，古くから発達した都市であることが多い。

❸ 市町村…都道府県はさらに市町村に分かれている。

❹ 都道府県境…都道府県境は，山地，湖，河川といった自然地形で決められている場合が多い。

日本の都道府県と都道府県庁所在地

- ☐ 北海道地方
- ☐ 東北地方
- ☐ 関東地方
- ☐ 中部地方
- ☐ 近畿地方
- ☐ 中国・四国地方
- ☐ 九州地方

秋田（秋田県）
札幌（北海道）
青森（青森県）
盛岡（岩手県）
仙台（宮城県）
福島（福島県）
宇都宮（栃木県）
前橋（群馬県）
水戸（茨城県）
さいたま（埼玉県）
千葉（千葉県）
東京（東京都）
横浜（神奈川県）
甲府（山梨県）
静岡（静岡県）
岐阜（岐阜県）
名古屋（愛知県）
津（三重県）
大阪（大阪府）
神戸（兵庫県）
松山（愛媛県）
和歌山（和歌山県）
奈良（奈良県）
京都（京都府）
大津（滋賀県）
徳島（徳島県）
高松（香川県）
高知（高知県）
大分（大分県）
宮崎（宮崎県）
鹿児島（鹿児島県）
熊本（熊本県）
長崎（長崎県）
佐賀（佐賀県）
福岡（福岡県）
山口（山口県）
広島（広島県）
岡山（岡山県）
松江（島根県）
鳥取（鳥取県）
新潟（新潟県）
山形（山形県）
長野（長野県）
富山（富山県）
金沢（石川県）
福井（福井県）
那覇（沖縄県）

❺ 人口と面積

- 人口…東京都の人口は約1400万人なので，日本の人口のおよそ10%となる。
- 面積…北海道の面積は約8万3000km²なので，日本の面積のおよそ22%となる。

順位	人口	面積
1	東京都	北海道
2	神奈川県	岩手県
3	大阪府	福島県
45	高知県	東京都
46	島根県	大阪府
47	鳥取県	香川県

（2019年）　（2020/21年版「日本国勢図会」）

❻ 内陸県…海に面していない**内陸県**は8つある（栃木県，群馬県，埼玉県，山梨県，長野県，岐阜県，滋賀県，奈良県）。

昔の国名と国境

（蝦夷）

（1868年）

陸中
陸奥
東山道
羽後
陸中
北陸道
佐渡
羽前
陸前
若狭
能登
越後
岩代
磐城
山城
加賀
越中
備前
隠岐
山陽道
丹後
飛騨
信濃
上野
下野
常陸
山陰道
但馬
越前
美濃
甲斐
武蔵
対馬
長門
石見
因幡
美作
丹波
近江
相模
筑前
周防
安芸
備後
播磨
伊勢
駿河
下総
壱岐
備中
阿波
山城
志摩
伊豆
上総
肥前
讃岐
大和
三河
安房
筑後
豊後
伊予
紀伊
伊賀
尾張
東海道
肥後
土佐
南海道
和泉
河内
薩摩
日向
和泉
畿内
大隅
西海道
摂津

—— 道の境
‥‥‥ 国の境

（琉球）

知って
おきたい
旧国名は現在でも伊豆諸島や信濃川などの地名や美濃和紙，備前焼などの伝統的工芸品の名称に残されている。

最重要事項
暗記

4島 を 比べてみよう かけ算で

4島の面積比→四国×2＝九州，九州×2＝北海道，北海道×3＝本州。

☑ チェックテスト

□❶ 地図中の日本の領土の境界にあたる①〜④の島の名称を答えよ。また，A・B海，C国の名称も答えよ。

北端①

A

C

B

東端④

西端② 南端③

□❷ 日本と同じ緯度の範囲にある国を次から1つ選べ。

㋐ イギリス 　㋑ ドイツ 　㋒ アメリカ合衆国

□❸ 東京が3月15日午前6時のとき，イギリスのロンドンは3月何日の何時か。

□❹ 日本の国土面積は約何万km²か。

□❺ 国の領域は，領土，領海と何からなるか。

□❻ 日本の領海は，海岸線から何海里の範囲か。

□❼ 領海の外側に，水産資源や鉱産資源を占有できる海域が沿岸国に認められている。この海域を何というか。また，その海域は海岸線から何海里以内か。

□❽ 地図中の①の島・国後島・色丹島・歯舞群島を合わせて何というか。

□❾ ❽の島々を不法占拠している国はどこか。

□❿ 韓国が不法占拠している，日本固有の領土である島を何というか。

□⓫ 日本が実効支配を続けているが，中国などが領有権を主張している島を何というか。

□⓬ 日本には海に面していない内陸県がいくつあるか。

□⓭ 県名と県庁所在地名が異なる県を次から1つ選べ。

㋐ 富山県 　㋑ 山梨県 　㋒ 山形県 　㋓ 岡山県

□⓮ 人口が最も多い都道府県はどこか。

解答

❶ ①択捉島
②与那国島
③沖ノ鳥島
④南鳥島

A オホーツク海

B 東シナ海

C 大韓民国（韓　国）

❷ ウ

❸ 14日午後9時

❹ 約38万km²

❺ 領　空

❻ 12海里

❼ 排他的経済水域，200海里

❽ 北方領土

❾ ロシア連邦

❿ 竹　島

⓫ 尖閣諸島

⓬ 8つ

⓭ イ

⓮ 東京都

📝 まとめテスト

月　日

解答

□❶ 三大洋のうち，最も広い海洋を何というか。
❶ 太平洋

□❷ 六大陸のうち，最も広い大陸を何というか。
❷ ユーラシア大陸

□❸ 地球の表面積の海洋と陸地の面積の割合は，およそ何対何か。
❸ 7：3

□❹ ロンドンを通る0度の経線を何というか。
❹ 本初子午線

□❺ 0度の緯線を何というか。
❺ 赤　道

□❻ ❺の緯線を境にして，北緯・南緯はそれぞれ何度まであるか。
❻ 90度

□❼ 東経120度・南緯35度の真反対の点(対蹠点)を次から1つ選べ。
　ⓐ 西経120度・北緯35度
　ⓘ 西経60度・北緯35度
　ⓤ 東経60度・南緯35度
　ⓔ 東経120度・南緯35度
❼ イ

□❽ 右の地図のⓐ～ⓤのうち，最短距離を表しているのはどれか。

❽ ア

□❾ グリーンランドとオーストラリア大陸とでは，どちらのほうが面積が広いか。
❾ オーストラリア大陸

□❿ 右の地図で，東京から見るとロサンゼルスはどの方角にあるか。

❿ 北　東

□⓫ 東京ーロサンゼルス間の距離は約何万kmか。
⓫ 約1万km

□⓬ 世界最大の面積をもつ国はどこか。
⓬ ロシア連邦

□⓭ 世界最多の人口をもつ国はどこか。
⓭ 中華人民共和国(中国)

□⑭ オーストラリアは何州にあるか。　　　　　　　　　　⑭ オセアニア州

□⑮ ユーラシア大陸は，アジア州と何州からなるか。　　　⑮ ヨーロッパ州

□⑯ 島国(海洋国)を次から1つ選べ。　　　　　　　　　　⑯ ウ

　　⑦ ロシア連邦　　　　　　⑦ 南アフリカ共和国

　　⑦ ニュージーランド　　　⑦ フランス

□⑰ 赤道が通っていない国を次から1つ選べ。　　　　　　⑰ オ

　　⑦ エクアドル　　　⑦ ケニア　　　⑦ ブラジル

　　⑦ インドネシア　　⑦ フィリピン

□⑱ 東経140度の経線が通る国を次から1つ選べ。　　　　⑱ エ

　　⑦ イギリス　　　⑦ インド

　　⑦ 中国　　　　　⑦ オーストラリア

□⑲ イギリスのロンドンが4月18日の午後4時のとき，　　⑲ 4月19日午
　　東京は4月何日の何時か。午前か午後をつけて答え　　　前1時
　　よ。

□⑳ 東京が5月20日午後9時のとき，アメリカ合衆国　　　⑳ 5月20日午
　　のロサンゼルス(西経120度)は5月何日の何時か。　　　前4時
　　午前か午後をつけて答えよ。

□㉑ 日本の標準時子午線が通るのは兵庫県の何市か。　　　㉑ 明石市

□㉒ 沿岸の国が水産資源や鉱産資源を独占的に利用で　　　㉒ 排他的経済
　　きる水域を何というか。　　　　　　　　　　　　　　　水域

□㉓ 右の地図の■■の　　　　　　　　　　　　　　　　　㉓ 北方領土
　　島々をまとめて
　　何というか。

□㉔ 日本固有の領土　　　　　　　　　　　　　　　　　　㉔ 韓国
　　である竹島を不
　　法に占拠している国はどこか。

□㉕ 竹島が属している都道府県はどこか。　　　　　　　　㉕ 島根県

□㉖ 日本固有の領土である尖閣諸島の領有権を主張　　　　㉖ 中国
　　している国はどこか。

□㉗ 琵琶湖がある都道府県はどこか。　　　　　　　　　　㉗ 滋賀県

□㉘ 面積が最も小さい都道府県はどこか。　　　　　　　　㉘ 香川県

月　　日

4. 世界各地の人々の生活と環境

📎 図解チェック

① 世界のさまざまな気候 ★★★

バロー

モスクワ

ローマ

カイロ

バンコク

ラパス

シンガポール

ブエノスアイレス

60°
40°
20°
0°
20°
40°

■ 熱帯雨林気候　■ サバナ気候　□ 砂漠気候　□ ステップ気候　□ 温暖湿潤気候
■ 地中海性気候　■ 西岸海洋性気候　□ 冷帯(亜寒帯)気候　□ ツンドラ気候　■ 氷雪気候

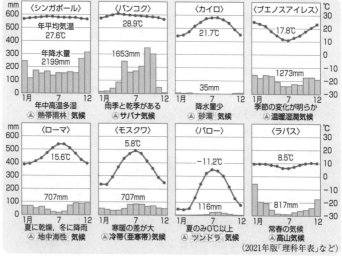

〈シンガポール〉
年平均気温 27.6℃
年降水量 2199mm
年中高温多湿
🔺 熱帯雨林 気候

〈バンコク〉
28.9℃
1653mm
雨季と乾季がある
🔺 サバナ気候

〈カイロ〉
21.7℃
35mm
降水量少
🔺 砂漠 気候

〈ブエノスアイレス〉
17.8℃
1273mm
季節の変化が明らか
🔺 温暖湿潤気候

〈ローマ〉
15.6℃
707mm
夏に乾燥、冬に降雨
🔺 地中海性 気候

〈モスクワ〉
5.8℃
707mm
寒暖の差が大
🔺 冷帯(亜寒帯)気候

〈バロー〉
-11.2℃
116mm
夏のみ0℃以上
🔺 ツンドラ 気候

〈ラパス〉
8.5℃
817mm
常春の気候
🔺 高山気候

(2021年版「理科年表」など)

知って おきたい

世界の気候は熱帯、温帯、冷帯(亜寒帯)、寒帯、乾燥帯に大きく分かれており、さらに細かい気候区に分けられる。冷帯は北半球にしか分布しない。

得点 UP! ●雨温図を読み取り，気候の特色を正確に理解しよう。
●世界の宗教分布をおさえよう。

② 世界の人々のくらし ★

❶ 暑い地域(熱帯:熱帯雨林気候・サバナ気候)

スコール(激しいにわか雨)があり，背の高い**熱帯雨林**が育つ。マングローブやさんご礁，**高床**の住居が見られる。

▲高床になっている住居

❷ 乾いた地域(乾燥帯:砂漠気候・ステップ気候)

オアシス(水のわき出る所)で**かんがい**施設を整備し農業を営み，短い草の生える草原の**ステップ**では遊牧を行う。モンゴルでは**ゲル**と呼ばれる移動式の住居を使用する。

▲モンゴルのゲル

❸ 温暖な地域(温帯:温暖湿潤気候・地中海性気候・西岸海洋性気候)

季節の変化が明らか。スペインやイタリアなどの**地中海性気候**の地域では**オリーブ**やぶどうが栽培される。夏の強い日差しを防ぐため，窓が小さく，白い壁の住居が見られる。

❹ 寒い地域(冷帯〈亜寒帯〉，寒帯:ツンドラ気候・氷雪気候)

冷帯地域には，針葉樹林の**タイガ**や，**永久凍土**がとけて建物が傾くことを避けるための**高床**の建物が見られる。北極や南極に近い地域では，夏至のころには太陽が沈んでも暗くならない**白夜**が見られる。カナダのツンドラ地域などには**イヌイット**と呼ばれる先住民がくらす。

❺ 標高の高い地域(高山気候)

アンデス山脈の高所では，**アルパカ**や**リャマ**の放牧を行い，じゃがいもを主食とする生活をおくる。

リャマは主に運ぱん用の家畜だよ。

Check!

スコールは熱帯，オアシスは乾燥帯，タイガは冷帯(亜寒帯)の特色。

テストで注意

Q 熱帯地方で高床式の住居が見られるのはなぜか。 →→→ **A** (例)風通しをよくし，湿気を防ぐため。

③ 世界の主な宗教 ★

丸暗記 世界各地に広がり，信仰（しんこう）する人々が多い**キリスト教・イスラム教・仏教**を三大宗教という。

世界の宗教人口の割合と分布

- キリスト教
- イスラム教
- ヒンドゥー教
- 仏教
- ★ ユダヤ教
- その他

最近年の推計

- その他 22.7
- キリスト教 31.2 ％
- 仏教 6.9
- イスラム教 24.1
- 15.1 ヒンドゥー教

(2020/21年版「世界国勢図会」)

キリスト教

1世紀に**イエス**がおこした。カトリック，プロテスタントなどの宗派がある。

※斜線（しゃせん）地域は，2つの宗教の混合地域。

イスラム教

7世紀に**ムハンマド**がメッカでおこした。酒や豚を飲食しない。

ヒンドゥー教

インドで古くからの信仰をもとにおこった。牛を神聖なものとする。

仏教

紀元前5世紀ごろ**シャカ**が始めた。主にアジアに分布。

Check!

インドのヒンドゥー教やユダヤ人のユダヤ教などは，一部の国・地域や民族の間で信仰されるので民族宗教という。

最重要事項暗記

イスラム教，メッカを拝（おが）め

 西（にし）や 北（きた）から

西アジア　　北アフリカ

イスラム教は西アジアや北アフリカを中心に分布。
イスラム教徒はメッカに向かって礼拝（れいはい）する。

part
1
世界と日本の
すがた

part
2
世界の
さまざまな地域

part
3
地域調査・日本の
地域的特色

part
4
日本の
諸地域

☑チェックテスト

解答

□❶ 熱帯のうち，一年中降水量が多く，密林が広がる気候を何というか。

❶ 熱帯雨林気候

□❷ イタリアなどに見られる，夏に雨が少なく乾燥し，冬に雨が多く降る気候を何というか。

❷ 地中海性気候

□❸ 右の写真は，韓国の食卓には欠かせないものである。何という食べ物か。

❸ キムチ

□❹ 次の地域の人々が主食としている穀物は何か。
①ヨーロッパ　　②東アジア・東南アジア

❹ ① 小　麦
　② 米

□❺ 次の民族衣装が見られる国を下から1つずつ選べ。

❺ ① ア
　② オ
　③ イ
　④ ウ

㋐ サウジアラビア　㋑ インド　　㋒ 韓国
㋓ アメリカ合衆国　㋔ ペルー　　㋕ 日本
㋖ オーストラリア　㋗ オランダ　㋘ 中国

□❻ モンゴルの遊牧民の住居となる移動式の住居を何というか。

❻ ゲル

□❼ 次のような特色をもつ宗教を下から1つずつ選べ。
①紀元前5世紀ごろ，インドでシャカが始めた。現在はインドでの信者は少ない。
②東南アジアではマレーシアやインドネシアに信者が多い。酒や豚を飲食しない。
③世界の中で最も信者が多い。カトリック，プロテスタントなどの宗派に分かれる。

❼ ① イ
　② ウ
　③ ア

㋐ キリスト教　　㋑ 仏教　　㋒ イスラム教

5. アジア州

📎 図解チェック

1 アジアの地形 ★

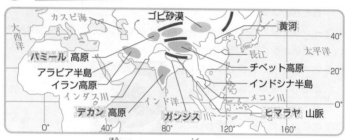

❶ 山脈など…世界最高峰のエベレストを含む**ヒマラヤ山脈**やチベット高原，

パミール高原，デカン高原がある。

❷ 河川…**黄河**，**長江**，メコン川，ガンジス川などがある。
　　　　ホワンホー　　チャンチヤン

🐰 知って
おきたい エベレスト（標高約8848m）はヒマラヤ山脈にある。

2 アジアの気候 ★

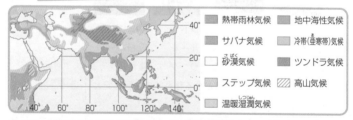

■ 熱帯雨林気候	■ 地中海性気候
■ サバナ気候	□ 冷帯(亜寒帯)気候
□ 砂漠気候	■ ツンドラ気候
▨ ステップ気候	▨ 高山気候
■ 温暖湿潤気候	

❶ 特色…西アジアを除く大部分は，夏は南の海からの，冬は北の大陸から
　の，**季節風(モンスーン)**の影響を受ける→夏は**雨季**，冬は**乾季**。

❷ 気候帯…赤道付近の熱帯からシベリアの寒帯まで，すべての気候帯が見
　られる。チベット高原は**高山気候**の地域。

👆 テストで注意

Q アジアの気候に影響を与える，
夏と冬で風向きが変わる風は何か。 →→→ A 季節風
(モンスーン)

③ 東アジアの国々と産業 ★★

- ウランバートル
- モンゴル
- ターチン油田
- とうもろこし・大豆の栽培
- 中国
  東部沿岸部に電気・鉄鋼・繊維・自動車工業が発達，「世界の工場」と呼ばれる
- 北朝鮮
- ピョンヤン
- ペキン
- ソウル
- 東京
- 日本
- 韓国
  電気・自動車・造船などの機械工業が盛ん
- シャンハイ
  中国最大の都市

凡例：稲作／小麦／綿花／茶／# 原油／■ 石炭／▲ 鉄鉱石／● 首都／● 経済特区

part 1 世界と日本のすがた
part 2 世界のさまざまな地域
part 3 地域調査，日本の地域的特色
part 4 日本の諸地域

④ 東アジアの国々―中華人民共和国（中国）★★★

❶ 人口…約14億人（2020年）の9割が漢族。残りの1割は55の少数民族。人口抑制のために行われていた一人っ子政策は2015年に廃止された。

❷ 農業…北部（東北・華北）は小麦やとうもろこし，大豆などの畑作，南部（華中・華南）は米（二期作）や茶を栽培。内陸部は牧畜。かつての人民公社による生産から，現在は生産責任制による生産。

世界の米の生産割合

その他 27.4／中国 27.1%／世界計 7.82億t／インド 22.1／ベトナム 5.6／バングラデシュ 7.2／インドネシア 10.6
（2018年）（2020/21年版「世界国勢図会」）

丸暗記 ❸ 鉱工業…農村に郷鎮企業，沿岸部に経済特区，シャンハイなどに経済技術開発区を設置して工業化を推進→工業製品の生産・輸出が盛んになり，「世界の工場」と呼ばれるまでの急成長を遂げる。石炭は世界の約半分を産出（2017年）。

❹ 課題…沿岸部（所得多）と内陸部（所得少）の経済格差が拡大→西部大開発を実施。また，大気汚染などの環境問題が深刻である。

テストで注意

Q 外国企業を誘致する，シェンチェンやアモイなどの地区を何というか。 →→→ A 経済特区

⑤ 東アジアの国々—大韓民国（韓国）★

首都**ソウル**に人口が集中している。20世紀後半から工業化が進み，**アジアNIES**と呼ばれた。農業は稲作中心。先端技術（ハイテク）産業が盛ん。

> 知っておきたい
> 20世紀後半，急速に工業化を進めた韓国・ホンコン・台湾・シンガポールはアジアNIESと呼ばれた。

⑥ 東南アジアの国々と産業 ★★

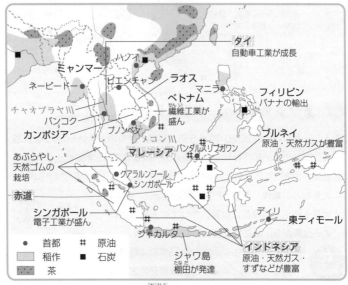

- タイ
  自動車工業が成長
- ハノイ
- ミャンマー
- ネーピードー
- ビエンチャン
- ラオス
- マニラ
- フィリピン
  バナナの輸出
- ベトナム
  繊維工業が盛ん
- チャオプラヤ川
- バンコク
- カンボジア
- プノンペン
- メコン川
- マレーシア
- バンダルスリブガワン
- ブルネイ
  原油・天然ガスが豊富
- あぶらやし・天然ゴムの栽培
- クアラルンプール
- シンガポール
- 赤道
- シンガポール
  電子工業が盛ん
- ディリ
- 東ティモール
- ジャカルタ
- ジャワ島
  棚田が発達
- インドネシア
  原油・天然ガス・すずなどが豊富

- ● 首都
- ♯ 原油
- ▨ 稲作
- ■ 石炭
- ⋮ 茶

❶ 民族…各地に中国系の人々（華人）が数多くくらす。

❷ 地域組織…10か国で**東南アジア諸国連合（ASEAN）**を構成している。

❸ 農業…**メコン川**などの流域で稲の**二期作**。植民地時代につくられた**プランテーション**（大農場）では，天然ゴムやコーヒー，バナナの栽培が盛ん。

❹ 鉱工業…労働賃金が安く，外国企業が進出→**工業団地**を整備。

> テストで注意
> Q チャオプラヤ川が流れる，世界有数の米の生産・輸出国はどこか。
> →→→ A タイ

⑦ 南アジアの国々と産業 ★

● 首都

パンジャブ地方 ／ イスラマバード ／ ティンプー
パキスタン ／ ネパール ／ ブータン ／ アッサム地方
インダス川
デリー ／ カトマンズ
デカン 高原 ／ インド ■
バンガロール
ICT産業の拠点
ダッカ
ガンジス川
稲作 ∵ 茶
バングラデシュ
小麦 ■ 石炭 ／ ガンジス川下流
綿花 ▲ 鉄鉱石 ／ スリジャヤワルダ ／ ジュートの栽培
スリランカ ／ ナプラコッテ

❶ 人口…インドは約14億人(2020年)で世界第2位。将来は中国を抜き,世界第1位になると予測される。**ヒンドゥー教徒**が多く,現在も**カースト制度**と呼ばれる身分制度により,職業などが制約される。

❷ 農業

● 降水量の多い**ガンジス川**流域→稲作

● 降水量の少ない**インダス川**中流域→小麦

● **デカン高原**などの乾燥地域→綿花

● 降水量の多い**アッサム地方**など→茶

> インドでは約8割の人がヒンドゥー教徒だよ。

世界の農作物の生産量

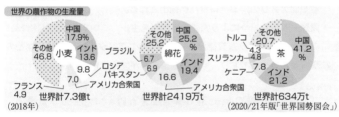

小麦
中国 17.9%
インド 13.6
ロシア 9.8
アメリカ合衆国 7.0
フランス 4.9
その他 46.8
世界計7.3億t

綿花
中国 25.2%
インド 19.4
アメリカ合衆国 16.6
パキスタン 6.9
ブラジル 6.7
その他 25.2
世界計2419万t
(2018年)

茶
中国 41.2%
インド 21.2
ケニア 7.8
スリランカ 4.8
トルコ 4.3
その他 20.7
世界計634万t

(2020/21年版「世界国勢図会」)

❸ 鉱工業…**バンガロール**などで**情報通信技術(ICT)**産業が発展している。

丸暗記 ❹ その他…インドは経済成長が著しく,**BRICS**(Brasil:ブラジル, Russia:ロシア連邦, India:インド, China:中国, South Africa:南アフリカ共和国)の一国である。

✎ Check!

米の生産 (→P.25), 小麦の生産, 綿花の生産, 茶の生産はいずれも1位中国, 2位インド(2018年)。

稲作 / 油田
小麦 / ■ 石炭
綿花 / ▲ 鉄鉱石

サウジアラビア
原油の生産・埋蔵量は
世界有数

アラブ首長国連邦

● 西アジア

● 生活…**アラビア語**を話すアラブ系の人々が多く，**イスラム教**が広く信仰されている。南アジアなどからの**出かせぎ**労働者が増えている。

● 農業…らくだの**遊牧**が伝統的に行われる。

● 鉱工業…**ペルシア湾岸**で**原油**の産出が盛ん。西アジアを中心とした産油国は**石油輸出国機構（OPEC）**を結成し，原油価格などを決めている。原油は**タンカー**や**パイプライン**で日本や北アメリカ，ヨーロッパへ輸出される。

● 課題…**内戦**や**紛争**により大量の**難民**が発生。

世界の原油の輸出量

サウジアラビア 15.5%
ロシア 11.3
イラク 8.3
カナダ 7.7
アラブ首長国連邦 5.3
その他 51.9
世界計 22.4億t

（2017年）
（2020/21年版「世界国勢図会」）

② **中央アジア**…イスラム教徒が多い。原油や**レアメタル**（希少金属）などの鉱産資源に恵まれており，今後の経済成長が期待される。

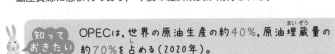

知っておきたい　OPECは，世界の原油生産の約40％，原油埋蔵量の約70％を占める（2020年）。

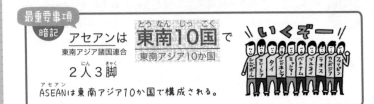

最重要事項 暗記

アセアンは **東南10国**で 2人3脚
東南アジア諸国連合　　東南アジア10か国

ASEANは東南アジア10か国で構成される。

いくぞー

☑ チェックテスト

解答

□❶ 地図中の㋐〜㋓の緯線のうち、赤道はどれか。

❶ ウ

□❷ 地図中の@の山脈名を答えよ。

❷ ヒマラヤ山脈

□❸ 地図中の⑥・©の河川名を答えよ。

❸ ⑥インダス川
©長江

□❹ 地図中の@の河川名を答えよ。また、この河口の三角州地帯で栽培されている繊維原料となる作物は何か答えよ。

❹ ガンジス川，ジュート

□❺ 地図中の@の河川名と、この川の下流域で盛んに栽培されている農作物名を答えよ。

❺ メコン川，米(稲)

□❻ 地図中の①の高原名と、この高原で主に栽培されている作物名を答えよ。

❻ デカン高原，綿花

□❼ 工業化を進めるために、中国沿岸部に設置された5つの地域を何というか。

❼ 経済特区

□❽ 東南アジアの10か国で構成される組織を何というか。

❽ 東南アジア諸国連合(ASEAN)

□❾ 次のグラフは、農作物の生産量の国別割合を表している。それぞれ何のグラフか。下から選べ。

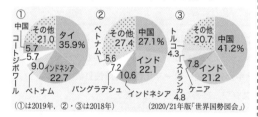

① 中国 21.0 コートジボワール 5.7 インドネシア 9.0 ベトナム 22.7 タイ 35.9% その他 5.7

② ベトナム 5.6 バングラデシュ 7.2 インドネシア 10.6 インド 22.1 中国 27.1% その他 27.4

③ トルコ 4.3 スリランカ 4.8 ケニア 7.8 インド 21.2 中国 41.2% その他 20.7

(①は2019年、②・③は2018年)　(2020/21年版「世界国勢図会」)

㋐ 米　㋑ 茶　㋒ 天然ゴム

❾ ①ウ
②ア
③イ

□❿ 産油国の利益を守るために、西アジアの国々を中心に結成された組織を何というか。

❿ 石油輸出国機構(OPEC)

6. ヨーロッパ州

📎 図解チェック

1 ヨーロッパの地形 ★

アイスランド島
フィヨルド
氷河に削られてできた
細長く奥行きのある湾
グレートブリテン島
アイルランド島
ピレネー 山脈
イベリア半島

スカンディナビア山脈
スカンディナビア半島
北ドイツ平原
東ヨーロッパ平原
ライン 川
アルプス 山脈
イタリア半島

北海　大西洋　地中海　ドナウ川

❶ 山脈など…南部に**アルプス山脈**などがあり, 北部は平原が広がる。

❷ 河川…ライン川やドナウ川などの**国際河川**が流れる。

2 ヨーロッパの気候 ★★★

ヨーロッパはユーラシア大陸の西側にあるよ。

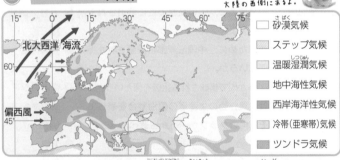

北大西洋 海流
偏西風

☐ 砂漠気候
▨ ステップ気候
☐ 温暖湿潤気候
■ 地中海性気候
■ 西岸海洋性気候
☐ 冷帯(亜寒帯)気候
▨ ツンドラ気候

❶ 特色…暖流の**北大西洋海流**と**偏西風**の影響により, 高緯度にもかかわらず比較的温暖。東へ行くにしたがい, 年間の気温差が大きくなる。

❷ 気候帯…温帯(**地中海性気候**—ローマ, **西岸海洋性気候**—ロンドン), 冷帯(亜寒帯)—モスクワ, 寒帯などが分布する。

┌─────────────┐
偏西風
西ヨーロッパの気候に影響。
1年中西寄りの風。

くらべる

季節風
アジアの気候に影響。
半年ごとに向きが変わる風。
└─────────────┘

得点 UP!
● ヨーロッパ連合（EU）の特色をおさえよう。
● ヨーロッパの農業と鉱工業の特色を正確に理解しよう。

③ ヨーロッパの言語と宗教 ★

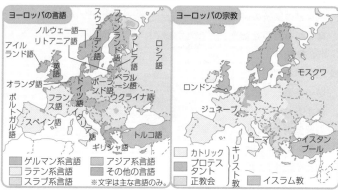

ヨーロッパの言語

ノルウェー語　スウェーデン語　フィンランド語
リトアニア語　ラトビア語
アイルランド語　ロシア語
英語
オランダ語　ドイツ語　ベラルーシ語　ポーランド語　ウクライナ語
フランス語　イタリア語
ポルトガル語　スペイン語　トルコ語
ギリシャ語

■ ゲルマン系言語　■ アジア系言語
■ ラテン系言語　■ その他の言語
■ スラブ系言語　※文字は主な言語のみ。

ヨーロッパの宗教

モスクワ　ロンドン　ジュネーブ　ローマ　イスタンブール

■ カトリック
■ プロテスタント ┐キリスト教
■ 正教会 ┘
■ イスラム教

丸暗記

❶ 言語…北西部はドイツ語などの**ゲルマン系**，南部はイタリア語などの**ラテン系**，東部はロシア語などの**スラブ系**。

❷ 宗教…**キリスト**教を信仰（しんこう）している。主にゲルマン系民族は**プロテスタント**，ラテン系民族は**カトリック**，スラブ系民族は**正教会**。

④ ヨーロッパの国々 ★

スウェーデン　ストックホルム　⑥
① ロンドン　ベルリン　モスクワ
パリ　④　キエフ
マドリード　② ⑤　ウクライナ
スペイン　③　ローマ

□ 日本より広い
　ヨーロッパの国
● 首都

① **イギリス**
18世紀に世界で最初の産業革命がおこる。2020年にEUから離脱。

② **フランス**
EU最大の農業国。外国人観光客数世界一。

③ **スイス**
永世中立国。

④ **ドイツ**
1990年に東西ドイツ統一。EU最大の工業国。

⑤ **イタリア**
長ぐつの形をした国。古代ローマ遺跡（いせき）が残る。

⑥ **ロシア連邦**（れんぽう）
日本の約45倍の国土をもつ世界最大の国。

❶ 面積…日本（約38万km²）より小さい国が多い。

❷ 人口…日本（約1.3億人）より多い国はロシア連邦（約1.5億人）のみ。

Check!
ヨーロッパは，多民族であり，面積・人口の小さい国が多い。

part 1 世界と日本のすがた
part 2 世界のさまざまな地域
part 3 地域変化日本の地域的特色
part 4 日本の諸地域

⑤ ヨーロッパの農業 ★★★

❶ 西岸海洋性気候の地域…小麦などの穀物栽培と、豚や牛などの家畜の飼育を組み合わせた混合農業。

（地図凡例）
- 地中海式農業
- 混合農業
- 酪農
- 森林・その他

酪農 乳製品の輸出が多い

北ドイツ平原 小麦・じゃがいも・てんさいの栽培

デンマーク・オランダ

ポルダー 堤防で囲まれた干拓地

フランス ヨーロッパの穀倉地帯

移牧 冬はふもとの畜舎で飼育し、夏は高地で放牧

❷ 地中海性気候の地域…高温乾燥の夏はオリーブやぶどう、温暖湿潤な冬には小麦を栽培する地中海式農業。

❸ 冷涼な北部やアルプス地方…バターやチーズを生産する酪農。

> 知っておきたい
> 地中海沿岸では地中海式農業、アルプス山脈より北部では混合農業と酪農が行われる。

⑥ ヨーロッパの鉱工業 ★★

❶ ルール工業地域…ルール地方の石炭と、ライン川の水運を利用して鉄鉱石を運び、工業が発展した。

❷ ユーロポート…石油化学コンビナートが発達。

❸ トゥールーズ…各国でつくられた部品を組み立てて航空機を製造（→ P.52）。

❹ 臨海・内陸部…先端技術産業や自動車工業が発達。

（地図凡例）
- ♯ 原油
- ■ 石炭
- ▲ 鉄鉱石
- ☆ 電気機械
- 🚗 自動車
- ✈ 航空機組み立て
- 主な工業地域

ユーロポート 世界有数の貿易港

キルナ

北海油田

シロンスク炭田

ルール

パリ

トゥールーズ

ロレーヌ

ルール炭田

マルセイユ

トリノ

ミラノ

テストで注意

Q ドイツにある、ヨーロッパ最大の工業地域を何というか。　→→→　A ルール工業地域

⑦ ヨーロッパ連合（EU）の発展 ★★★

❶ 発足…1993年にヨーロッパ共同体（**EC**）が発展し，**EU**が発足。

❷ 現在…2020年現在，加盟国**27か国**，人口約5億人。国内総生産（GDP）はアメリカ合衆国に及ばない。

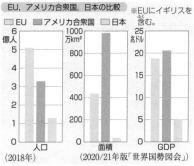

EU加盟国　※イギリスは2020年にEUから離脱。

□ ECのときからの加盟国
□ 1995年加盟国
□ 2004年加盟国
■ 2007年加盟国
■ 2013年加盟国

アイルランド　デンマーク　スウェーデン　フィンランド　エストニア　ラトビア　リトアニア　イギリス　オランダ　ドイツ　ポーランド　チェコ　スロバキア　スロベニア　ベルギー　ルクセンブルク　フランス　ハンガリー　ルーマニア　ブルガリア　スペイン　オーストリア　クロアチア　イタリア　ギリシャ　キプロス　ポルトガル　マルタ

❸ 特色…EU加盟国間では，ヒト・モノ・資金が自由に移動でき，資格も共通。デンマーク・チェコなどを除く多くの加盟国で共通通貨の**ユーロ**を使用。また，**共通農業政策**を実施。

EU，アメリカ合衆国，日本の比較　※EUにイギリスを含む。

□ EU　■ アメリカ合衆国　□ 日本

人口（億人）：6・5・4・3・2・1・0
面積（1000万km²）：1000・800・600・400・200・0
GDP（兆ドル）：25・20・15・10・5・0

（2018年）
（2020/21年版「世界国勢図会」）

❹ 課題…東ヨーロッパ諸国の所得が少なく，東西加盟国間の**経済格差**が問題となっている。2010年にはギリシャを発端に**ユーロ危機**が発生。近年はシリアなど西アジアやアフリカからの**難民**の問題が深刻である。

❺ 環境問題…**酸性雨**が偏西風に乗り，国境を越えて多くの国に被害をもたらすため，環境対策が進む。

● **再生可能エネルギー**の利用を推進→デンマークの風力発電など。
● 自動車を郊外に駐車させ，公共交通機関に乗り換えて都市部に入る**パークアンドライド方式**なども導入されている。

テストで注意

Q EUの本部があるベルギーの首都はどこか。　→→→　A ブリュッセル

⑧ ロシア連邦とその周辺の地形と産業 ★

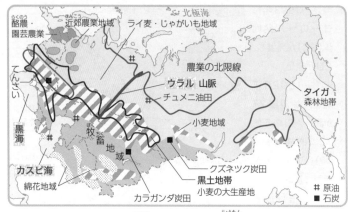

① 面積…世界一で日本の約 **45 倍**あり，東西の両端で10時間の時差。

② 地形…**ウラル山脈**がヨーロッパ州とアジア州（シベリア）の境界。**タイガ**（針葉樹林）が広がる。**カスピ海**は約37万km²で世界最大の湖。

③ 民族…100を超える少数民族がくらすが，人口の8割をスラブ系のロシア人が占め，多くが**正教会**を信仰している。

④ 農業…肥えた土が広がる**黒土地帯**で小麦，内陸部で綿花の栽培が盛ん。

⑤ 鉱工業…鉱産資源が豊富で，**原油や天然ガス**の生産量は世界有数。**BRICS**の一国。

⑥ EU・日本との関係…原油や天然ガスを**パイプライン**でEU諸国へ大量に輸出。日本とは**北方領土**問題（→ P.14）が未解決。

世界の原油の生産量

その他 42.3　世界計 46.5 億kL

アメリカ合衆国 15.3%
ロシア 14.0
サウジアラビア 12.2
イラク 5.9
カナダ 5.5
中国 4.8
（2019年）
（2020/21年版「世界国勢図会」）

ロシア連邦は 1991 年まで
ソ連と呼ばれる
社会主義国だったよ。

☑チェックテスト

□❶ 地図中の@は，氷河に削られた谷（U字谷）に海水が入りこんだ複雑な地形の海岸である。何というか。

❶ フィヨルド

□❷ 地図中の⑥・ⓒの河川名を答えよ。また，河川⑥・ⓒのように，複数の国にまたがって流れる河川を何というか。

❷ ⑥ライン川
ⓒドナウ川，
国際河川

□❸ 地図中の⑥の河口のロッテルダムには，EUの玄関といわれる港がある。何というか。

❸ ユーロポート

□❹ 地図中の⑥の河川の中・下流域にあるヨーロッパ最大のルール工業地域は，どの国にあるか。

❹ ドイツ

□❺ 地図中の@の国は，ヨーロッパ最大の農業国である。国名とその首都を答えよ。

❺ フランス，
パ リ

□❻ 地図中の@の国に多く住むのは何系言語の民族か。

❻ ラテン系

□❼ 地図中の@の山脈名を答えよ。

❼ アルプス山脈

□❽ ヨーロッパで行われている，家畜の飼育と飼料・穀物栽培を組み合わせた農業を何というか。

❽ 混合農業

□❾ EUについて，次の①～③に答えよ。
　①本部がある都市名
　②加盟国数（2020年）
　③共通通貨の名称

❾ ①ブリュッセル
②27か国
③ユーロ

□❿ ロシア連邦をヨーロッパ州とアジア州に分ける山脈は何か。

❿ ウラル山脈

□⓫ ロシア連邦の寒冷地に広がる広大な針葉樹林を何というか。

⓫ タイガ

□⓬ ウクライナから西シベリア南部にわたる小麦の大産地を何地帯というか。

⓬ 黒土地帯

7. アフリカ州

📎 図解チェック

1 アフリカの地形 ★

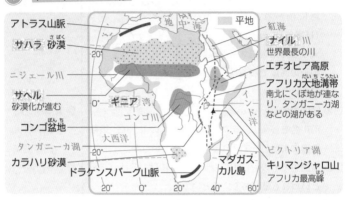

- アトラス山脈
- サハラ砂漠
- ニジェール川
- サヘル 砂漠化が進む
- コンゴ盆地
- タンガニーカ湖
- カラハリ砂漠
- ドラケンスバーグ山脈
- 地中海
- 平地
- 紅海
- ナイル川 世界最長の川
- エチオピア高原
- アフリカ大地溝帯 南北にくぼ地が連なり，タンガニーカ湖などの湖がある
- ギニア湾
- コンゴ川
- 大西洋
- マダガスカル島
- インド洋
- ビクトリア湖
- キリマンジャロ山 アフリカ最高峰

❶ 山脈など…北部に**アトラス山脈**，赤道近くに**キリマンジャロ山**がある。

❷ 河川…エジプト文明が生まれた世界最長の**ナイル川**が流れる。

知っておきたい アフリカ大陸は，大部分が高原状である。

テストで注意

Q 赤道と本初子午線が交わる位置にあるのは何湾か。 →→→ A ギニア湾

2 アフリカの気候 ★

❶ 特色…赤道が大陸中央部を通り，赤道を軸に気候帯が南北対称に分布。

❷ 気候帯…赤道付近のコンゴ川流域からギニア湾岸にかけて熱帯(**熱帯雨林気候**→サバナ気候)→乾燥帯(ステップ気候→砂漠気候→ステップ気候)→温帯(地中海性気候など)と続く。

- 熱帯雨林気候
- サバナ気候
- 砂漠気候
- ステップ気候
- 温暖湿潤気候
- 地中海性気候
- 西岸海洋性気候
- 高山気候

得点 UP!
● 植民地支配の歴史と言語などとの関係性を理解しよう。
● アフリカの産業の特色をおさえよう。

③ アフリカの国々の社会と課題 ★★

❶ 歴史…16世紀以降，ヨーロッパ人により奴隷として南北アメリカに送られ，19世紀末までに，エチオピアとリベリアを除くほとんどの地域がヨーロッパ諸国の**植民地**支配を受ける。国境は，緯線や経線をもとにした植民地時代の境界線をそのまま利用したものが多い→**民族対立**の要因に。

❷ 独立…第二次世界大戦後に多くの国が独立。**1960年**は17か国が独立し「アフリカの年」と呼ばれる。

❸ 言語・宗教…サハラ砂漠より北部では，多くの人々が**アラビア語**を話し，**イスラム教**を信仰する。南部は，**植民地**時代の影響により，旧宗主国の言語を**公用語**にしている国が多く，キリスト教を信仰する人々が多い。

アフリカの植民地支配

西サハラ　モロッコ　チュニジア　アルジェリア　リビア　エジプト（1922年独立）　モーリタニア　セネガル　マリ　ニジェール　チャド　スーダン　エリトリア　ジブチ　ガンビア　ギニアビサウ　ギニア　ブルキナファソ　ナイジェリア　中央アフリカ　南スーダン　エチオピア　ソマリア　シエラレオネ　コートジボワール　ガーナ　トーゴ　ベナン　カメルーン　ウガンダ　ケニア　リベリア　赤道ギニア　ガボン　コンゴ　民主共和国　ルワンダ　ブルンジ　タンザニア　マラウイ　サントメ・プリンシペ　コンゴ共和国　アンゴラ　ザンビア　コモロ　ナミビア　モザンビーク　マダガスカル　ボツワナ　ジンバブエ　エスワティニ　南アフリカ共和国　レソト

1914年のアフリカ

■ 独立国　■ ベルギー領
□ フランス領　□ スペイン領
□ イギリス領　■ ポルトガル領
■ イタリア領　□ ドイツ領

❹ 発展…2002年，EUを参考に**アフリカ連合（AU）**が成立，政治・経済的な統合を目指している。

❺ 課題…人口が増加し，干ばつや砂漠化などの影響による食料不足が頻繁に発生。人口が農村から都市に流入し，**スラム**を形成。紛争や内戦による**難民**の発生。

丸暗記
第二次世界大戦前の独立国は　→　エチオピア，リベリア，南アフリカ共和国，エジプトの4か国のみ。

④ アフリカの産業 ★★

カカオ豆 の生産量
(2018年)

カメルーン 21.1 その他 37.4%
世界計 525.2 万t
5.9
6.3
ナイジェリア 11.3
ガーナ 18.0
インドネシア
コートジボワール

ダイヤモンドの生産量
(2016年)

その他 17.2
ロシア 30.1%
カナダ 9.7
世界計 1.3億カラット
10.4
17.3
オーストラリア 15.3
ボツワナ
コンゴ民主共和国
(2020/21年版「世界国勢図会」)

❶ 農業…熱帯地域→**焼畑農業**でバナナやいもを栽培，乾燥地域→らくだなどの遊牧。植民地時代につくられた**プランテーション**で，**カカオ豆**や**コーヒー豆**の栽培が盛ん。

❷ 鉱工業…**鉱産資源**に恵まれ，**レアメタル**(希少金属)が豊富。

❸ 経済…多くの国が，特定の**商品作物**や鉱産資源の生産・輸出に頼る**モノカルチャー経済**のため不安定。**フェアトレード**の取り組みが注目される。

❹ その他…人種隔離政策(**アパルトヘイト**)が廃止された南アフリカ共和国→産業が発展し，**BRICS**の一国に成長した。

知っておきたい
南アフリカ共和国では，かつて，アパルトヘイトが行われていた。しかし，人種差別は今も残る。

最重要事項
暗記
ギニア湾 カカオ豆 が よく育つ

アフリカのギニア湾沿岸諸国(コートジボワール，ガーナなど)では，カカオ豆の生産が多い。

☑ チェックテスト

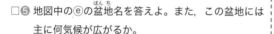

解答

□❶ 地図中の@の山脈名を答えよ。

□❷ 地図中の⑥・ⓒの河川名(かせん)を答えよ。

□❸ 地図中の@の世界最大の砂漠(さばく)名を答えよ。

□❹ @の砂漠の南部に広がる,砂漠化が進む地帯を何というか。

□❺ 地図中の@の盆地名を答えよ。また,この盆地には主に何気候が広がるか。

□❻ 地図中の@は何という島か。

□❼ 地図中の⑦～⑨のうち,赤道を表している緯線(いせん)はどれか。

□❽ アフリカ大陸にはおよそいくつの国があるか。次から1つ選べ。
　　⑦ 約35か国　　⑦ 約45か国　　⑦ 約55か国

□❾ EU を参考にして 2002 年に創設された,アフリカの政治的・経済的統合を目指す組織を何というか。

□❿ カカオ豆の生産が世界一(2018年)のアフリカの国はどこか。

□⓫ アフリカで最も原油の生産が多く,国の輸出による収入の多くを原油に頼(たよ)っている国はどこか。

□⓬ ⓫の国のように,少数の輸出品に国の経済が支えられている経済体制を何というか。

□⓭ アフリカ大陸に多く分布する希少金属を何というか。

□⓮ 南アフリカ共和国で1991年まで行われていた人種隔離(かくり)政策を何というか。

❶ アトラス山脈

❷ ⑥ナイル川
　　ⓒニジェール川

❸ サハラ砂漠

❹ サヘル

❺ コンゴ盆地,
　　熱帯雨林気候

❻ マダガスカル島

❼ イ

❽ ウ

❾ アフリカ連合
　　(AU)

❿ コートジボワール

⓫ ナイジェリア

⓬ モノカルチャー経済

⓭ レアメタル

⓮ アパルトヘイト

8. 北アメリカ州

📎 図解チェック

1 北アメリカの地形 ★★

アラスカ山脈
ロッキー 山脈
シエラネバダ山脈
カリフォルニア半島
コロラド高原
太平洋
北極海
グリーンランド
世界最大の島
ハドソン湾
ラブラドル高原
五大湖
大西洋
中央平原
プレーリー
アパラチア 山脈
ミシシッピ 川
フロリダ半島
メキシコ湾
グレートプレーンズ

❶ 山脈など…西部に標高 4000 m を超える**ロッキー山脈**，東部に**アパラチア山脈**がある。ロッキー山脈の東部には，平原の**グレートプレーンズ**，草原の**プレーリー**が続く。

❷ 河川…**ミシシッピ川**が中央平原を流れる。

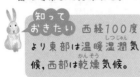

カナダは日本の約26倍，
アメリカ合衆国は日本の
約25倍の面積だよ。

2 北アメリカの気候 ★★

❶ 特色…北緯 40 度以南の，西経 **100** 度より東部は降水量が多く，西部は降水量が少ない。南部や南東部には**ハリケーン**が襲来する。

❷ 気候帯…南部の熱帯から北部の寒帯まで分布する。

■ 熱帯雨林気候
■ サバナ気候
□ 砂漠気候
■ ステップ気候
■ 温暖湿潤気候
■ 地中海性気候
■ 西岸海洋性気候
■ 冷帯(亜寒帯)気候
■ ツンドラ気候
■ 氷雪気候
▨ 高山気候

西経
100°

知って
おきたい 西経100度
より東部は温暖湿潤気
候，西部は乾燥気候。

③ アメリカ合衆国の農業 ★★★

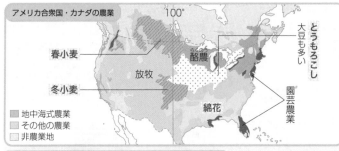

アメリカ合衆国・カナダの農業

- 地中海式農業
- その他の農業
- 非農業地

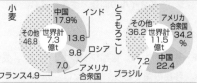

世界の農産物の生産量に占めるアメリカ合衆国の割合(2018年)

小麦 世界計7.3億t — 中国17.9% / インド13.6 / ロシア9.8 / アメリカ合衆国7.0 / フランス4.9 / その他46.8

とうもろこし 世界計11.5億t — アメリカ合衆国34.2% / 中国22.4 / ブラジル7.2 / その他36.2

大豆 世界計3.5億t — アメリカ合衆国35.5% / ブラジル33.8 / アルゼンチン10.8 / その他19.9

世界の輸出農産物に占めるアメリカ合衆国の割合(2017年)

小麦 世界計2.0億t — ロシア16.8% / アメリカ合衆国13.9 / カナダ11.2 / その他58.1

とうもろこし 世界計1.6億t — アメリカ合衆国32.9% / ブラジル18.1 / アルゼンチン14.7 / その他34.3

(2020/21年版「世界国勢図会」)

❶ 農産物の生産・輸出が盛ん→**「世界の食料庫」**と呼ばれる。

丸暗記

❷ 地域の気候や土壌などの自然環境に適した作物を栽培する適地適作を、大型機械を使用して企業的な農業で行う。

❸ 肥育場(フィードロット)で肉牛を飼育。

❹ **センターピボット**方式によるかんがい農業が盛ん。

❺ **バイオテクノロジー**による遺伝子組み換え作物の栽培が行われる。

❻ 農業に関連するさまざまな事業を行う**アグリビジネス**企業や、穀物を扱う大企業(穀物メジャー)が、世界各地に展開している。

テストで注意

Q プレーリーやグレートプレーンズの地域で主に栽培される農作物は何か。 →→→ **A** 小麦

---

④ アメリカ合衆国の鉱工業 ★★★

アメリカ合衆国・カナダの鉱工業

- メサビ 鉄山
- デトロイト 自動車
- ピッツバーグ 先端技術産業
- ボストン 電子・造船
- シアトル 航空機・電子
- ニューヨーク 印刷・出版・機械
- シリコンバレー ICT・先端技術産業の中心地
- シカゴ 鉄鋼・機械
- ワシントン D.C.
- サンフランシスコ
- 北緯37度 この線より南は サンベルト という
- ロサンゼルス 石油化学・航空機
- ヒューストン 石油化学 宇宙・航空機
- メキシコ湾岸油田

● 油田　◯ 炭田　▲ 鉄鉱石　▽ 銅

❶ 世界に工場や支社などをつくり，国境を越えて活動する多国籍企業が多い。

❷ 新しい資源→シェールガスやシェールオイルの開発・生産が進む。

⑤ 北アメリカの国々の特色 ★★

❶ アメリカ合衆国…世界経済・政治の中心。首都ワシントンD. C.。先住民はネイティブアメリカン。移民の国であり，南部には，かつてアフリカから連行された奴隷の子孫が多い。近年は，スペイン語を話すメキシコや中央アメリカなどからの移民（ヒスパニック）が増加している。

❷ カナダ…先住民はイヌイット。英語とフランス語が公用語。

❸ 米国・メキシコ・カナダ協定…略称 USMCA。北米自由貿易協定（NAFTA）に代わる協定として結ばれ，2020年に発効した。

> Check!
>
> アメリカ合衆国で人口最多の都市はニューヨーク。

最重要事項 暗記

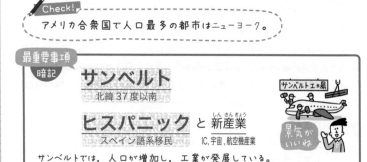

サンベルト
北緯37度以南

ヒスパニック と 新産業
スペイン語系移民　　IC, 宇宙, 航空機産業

サンベルトでは，人口が増加し，工業が発展している。

part
1
世界と日本の
すがた

part
2
世界の
さまざまな地域

part
3
地域調査日本の
地域的特色

part
4
日本の
諸地域

☑チェックテスト

解答

□❶ 地図中の@の山脈名 を答えよ。

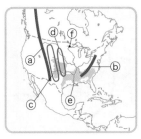

❶ ロッキー山脈

□❷ 地図中の⑥の山脈名 を答えよ。また，この山脈で大量に産出 される鉱産資源は何 か答えよ。

❷ アパラチア山脈，石炭

□❸ 地図中の©の平原名，⑥の草原名を答えよ。

❸ ©グレートプレーンズ ⑥プレーリー

□❹ 地図中の@の河川名を答えよ。

❹ ミシシッピ川

□❺ 地図中の①は鉄鉱石の産地である。鉄山名を答えよ。

❺ メサビ鉄山

□❻ 地図中の ■・■ は何の農業地域を表しているか。 正しいものを次から1つ選べ。

❻ ウ

⑦ ■はとうもろこし，■は地中海式農業

⑦ ■は春小麦，■は酪農

⑨ ■は冬小麦，■は綿花

□❼ アメリカ合衆国の最大都市で，世界の金融・経済の 中心地でもある都市名を答えよ。

❼ ニューヨーク

□❽ アメリカ合衆国で工業が急速に発展している北緯 37度以南の地域を何というか。

❽ サンベルト

□❾ アメリカ合衆国のサンフランシスコ郊外には，情報 通信技術(ICT)や先端技術(ハイテク)産業の企業が 集まっている。この地域を何というか。

❾ シリコンバレー

□❿ 世界各地に支店や工場，販売店をもつなど，国境を 越えて事業を行っている企業を何というか。

❿ 多国籍企業

□⓫ カナダ北部のツンドラ地帯でトナカイの遊牧などを 行っている先住民を何というか。

⓫ イヌイット

□⓬ メキシコや中央アメリカなどからアメリカ合衆国に 移住してくる，スペイン語を話す人々を何というか。

⓬ ヒスパニック

9. 南アメリカ州

📎 図解チェック

1 南アメリカの地形 ★

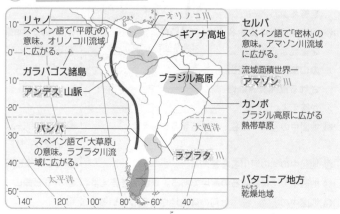

リャノ
スペイン語で「平原」の意味。オリノコ川流域に広がる。

オリノコ川

ギアナ高地

ガラパゴス諸島

アンデス 山脈

ブラジル高原

パンパ
スペイン語で「大草原」の意味。ラプラタ川流域に広がる。

大西洋

ラプラタ 川

太平洋

セルバ
スペイン語で「密林」の意味。アマゾン川流域に広がる。

流域面積世界一
アマゾン 川

カンポ
ブラジル高原に広がる熱帯草原

パタゴニア地方
乾燥地域

❶ 山脈など…西部に標高6000mを超える**アンデス山脈**が約7500kmにわたって続く。東部にはブラジル高原やギアナ高地がある。

❷ 河川…**アマゾン川**(流域面積約705万km²)が流れる。

 知っておきたい　赤道はアマゾン川の河口付近やギニア湾(→P.36)を通る。

2 南アメリカの気候 ★

❶ 特色…熱帯地域が，大陸の半分以上を占める。

❷ 気候帯…北部の熱帯から南部の寒帯まで分布。アンデス山脈には高山気候の地域が広がる。

✏ Check!
セルバは熱帯雨林
パンパは温帯草原

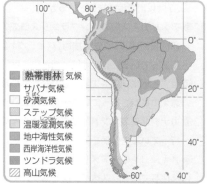

■ **熱帯雨林** 気候
■ サバナ気候
□ 砂漠気候
■ ステップ気候
■ 温暖湿潤気候
■ 地中海性気候
■ 西岸海洋性気候
■ ツンドラ気候
▨ 高山気候

③ **南アメリカの成り立ちと社会** ★★

❶ 成り立ち…インディオ(先住民)が**インカ帝国**(ペルー)を建設。16世紀にスペインやポルトガルが**植民地**支配→アフリカから多くの**奴隷**が連行。19～20世紀にはヨーロッパ移民や日本からの移民(**日系人**)が増加。

❷ 民族…インディオや，インディオと白人の混血の**メスチソ**など。

❸ 社会のようす…さまざまな人種，民族がくらす**多文化社会**。

❹ 公用語と宗教…ブラジルは**ポルトガル語**，その他多くの国は**スペイン語**。キリスト教の**カトリック**を信仰している。

丸暗記

❺ 課題…経済発展のために，**熱帯林**の大規模な開発→仕事を求める人々が都市へ集中→生活環境の悪い居住地区(**スラム**)が増加。

知っておきたい ブラジルは**ポルトガル語圏**，ほかの国々は**スペイン語圏**。

④ **南アメリカの国々** ★

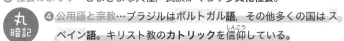

コロンビア
コーヒー豆の生産は世界第4位(2018年)。最大の輸出は原油が占める。

ベネズエラ
輸出額の80%以上を原油が占める産油国。原油が国の経済を支える。

ペルー
インカ帝国が栄えた地。世界遺産のマチュピチュ遺跡が有名。

ブラジル
BRICS(ブリックス)の一国として経済発展が進む。多数の日系人が在住。

ボリビア
首都の標高は4000mあり世界一高い首都。パラグアイとともに内陸国。

アルゼンチン
パンパは小麦やとうもろこし・大豆の大産地。肉牛の放牧が盛ん。

カラカス・ボゴタ・エクアドル・リマ・ラパス・パラグアイ・ブラジリア・チリ・ブエノスアイレス・ウルグアイ

● 首都

テストで注意

Q カーニバルで有名な都市，リオデジャネイロがある国はどこか。 →→→ A **ブラジル**

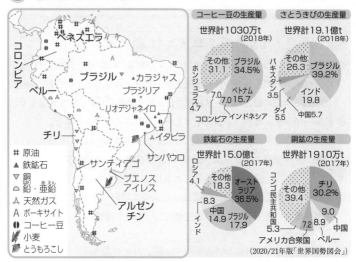

コーヒー豆の生産量
世界計1030万t（2018年）
その他 31.1／ブラジル 34.5%／ホンジュラス 4.7／コロンビア 7.0／インドネシア／ベトナム 15.7

さとうきびの生産量
世界計19.1億t（2018年）
その他 26.3／ブラジル 39.2%／パキスタン 3.5／タイ 5.5／中国5.7／インド 19.8

鉄鉱石の生産量
世界計15.0億t（2017年）
ロシア 4.1／その他 18.3／オーストラリア 36.5%／インド 8.3／中国 14.9／ブラジル 17.9

銅鉱の生産量
世界計1910万t（2017年）
コンゴ民主共和国 5.3／その他 39.4／チリ 30.2%／アメリカ合衆国 7.2／ペルー 8.9／中国 9.0

(2020/21年版「世界国勢図会」)

凡例
＃ 原油
▲ 鉄鉱石
▽ 銅
△ 鉛・亜鉛
Λ 天然ガス
Ａ ボーキサイト
❶ コーヒー豆
〰 小麦
〰 とうもろこし

❶ 農業
- 19世紀に大農園（プランテーション）が開かれる。
- 熱帯林では焼畑農業，高山地域ではじゃがいもなどの栽培，アルゼンチンのパンパでは肉牛の放牧が行われている。
- ブラジルではコーヒー豆，とうもろこし，さとうきびなどの栽培が盛ん。とうもろこし，さとうきびはバイオ燃料（バイオエタノール）としても利用される。

❷ 鉱工業…鉱産資源に恵まれ，レアメタル（希少金属）が豊富→ブラジルは鉄鉱石，ベネズエラは原油，チリは銅の生産が盛ん。

❸ その他…南アメリカ諸国はモノカルチャー経済からの転換をはかる→急成長したブラジルはBRICSの一国。多くの国が環境問題・都市問題を抱えるなか，持続可能な開発・発展を進めていくことが課題。

最重要事項 暗記

ブラジルは 鉄鉱石 から
コーヒー豆 カラジャス

ブラジルは，鉄鉱石（主産地カラジャス）やコーヒー豆で有名。

part
1
世界と日本の
すがた

part
2
世界の
さまざまな地域

part
3
地域調査、日本の
地域的特色

part
4
日本の
諸地域

☑ チェックテスト

解答

□❶ 地図中の@の山脈名を答えよ。

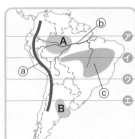

❶ アンデス山脈

□❷ 地図中の⑥の世界一の流域面積をもつ河川名を答えよ。

❷ アマゾン川

□❸ 地図中の©の高原名を答えよ。

❸ ブラジル高原

□❹ 熱帯雨林が広がる地図中の A の地域を何というか。

❹ セルバ

□❺ 温帯草原が広がる地図中の B の地域を何というか。

❺ パンパ

□❻ 地図中の⑦〜⑪のうち，赤道を表している緯線はどれか。

❻ ⑦

□❼ 右の円グラフはある農産物の世界の輸出割合を表している。何のグラフか次から1つ選べ。

その他 40.1

世界計 6958 万t

ブラジル 41.9 %

フランス 4.1

タイ 5.5 8.4

オーストラリア

(2017年)
(2020/21年版「世界国勢図会」)

⑦ とうもろこし

⑦ さとう

⑦ コーヒー豆

❼ ⑦

□❽ ブラジルで生産が盛んな，とうもろこしやさとうきびからつくられる燃料は何か。

❽ バイオ燃料
（バイオエタノール）

□❾ ベネズエラとコロンビアの輸出額最多は，同じ鉱産資源である。それは何か。

❾ 原 油

□❿ 銅鉱の生産量世界一の南アメリカの国はどこか。

❿ チ リ

□⓫ 南アメリカ最多の人口をもつ国はどこか。

⓫ ブラジル

□⓬ 次の国々の公用語は何語か。
①ブラジル
②アルゼンチン

⓬ ①ポルトガル語
②スペイン語

□⓭ 日系人が世界一多く住んでいる南アメリカの国はどこか。

⓭ ブラジル

10. オセアニア州

📎 図解チェック

① オセアニアの地形 ★

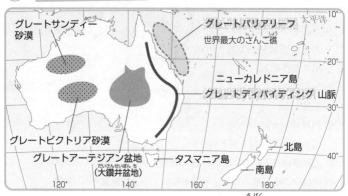

グレートサンディー砂漠
グレートバリアリーフ
世界最大のさんご礁
太平洋
ニューカレドニア島
グレートディバイディング 山脈
グレートビクトリア砂漠
グレートアーテジアン盆地
（大鑽井盆地）
タスマニア島
北島
南島

大陸東部にグレートディバイディング山脈，内陸部に砂漠や草原が広がる。

> 知って
> おきたい　東経135度がオーストラリア大陸のほぼ中央を通る。

② オセアニアの気候 ★

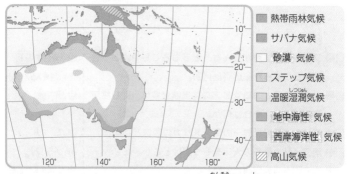

■ 熱帯雨林気候
■ サバナ気候
□ 砂漠 気候
■ ステップ気候
□ 温暖湿潤気候
■ 地中海性 気候
■ 西岸海洋性 気候
▨ 高山気候

❶ 特色…オーストラリア大陸の約3分の2を**乾燥帯**が占める。

❷ 気候帯…北部に熱帯，内陸部に乾燥帯，南部に温帯が広がる。

> Check!
> オーストラリア東南部やニュージーランドは，西岸海洋性気候。

③ オセアニアの国々 ★

❶ 歴史…**イギリス**の植民地支配を受けた国が多い。

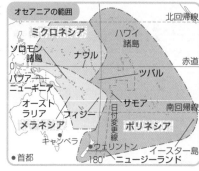

オセアニアの範囲

- 北回帰線
- ミクロネシア
- ハワイ諸島
- ソロモン諸島
- ナウル
- 赤道
- ツバル
- パプアニューギニア
- サモア
- 南回帰線
- オーストラリア
- フィジー
- 日付変更線
- ポリネシア
- メラネシア
- キャンベラ
- ●ウェリントン
- イースター島
- ●首都
- 180°
- ニュージーランド

❷ オーストラリア…先住民は**アボリジニ**。かつてはヨーロッパ以外からの移民を制限する**白豪主義**がとられていた。現在では**移民**が多くくらし，**多文化社会**を形成。アジアとの結びつきを強める。

❸ ニュージーランド…旧イギリス植民地。先住民は**マオリ**。

❹ その他の国々…太平洋に散在する多くの島々→火山島とさんご礁の島が多い。**ミクロネシア**(小さい島々)，**ポリネシア**(多くの島々)，**メラネシア**(黒い島々)に区分される。

> 知っておきたい 太平洋上のツバルは地球温暖化により水没の危機にある。

④ オセアニアの農業 ★★

❶ オーストラリア… 北部や北東部の比較的降水量の多い地域では牛，内陸部の乾燥地域では羊の放牧，南部の温帯地域では小麦と牧羊・牧牛の混合農業が盛ん。

オーストラリア

- 牛
- さとうきび
- 羊
- グレートアーテジアン盆地
- 砂漠
- 羊
- 小麦と羊
- 酪農
- ニュージーランド
- 牛
- 森林
- 羊
- 掘り抜き井戸を利用した牧羊

❷ ニュージーランド…乳牛や羊の放牧が盛ん。

> Check!
> オーストラリアは，羊の頭数，羊毛の生産量が中国に次いで多い(2018年)。

⑤ オセアニア（オーストラリア）の鉱工業 ★★

ボーキサイトの生産量

世界計 3.1億t

	%
オーストラリア	28.5
中国	22.7
ギニア	15.0
ブラジル	12.5
インド	7.4
その他	13.9

(2017年)
(2020/21年版「世界国勢図会」)

- ■ 石炭　◇ ダイヤモンド
- ▲ 鉄鉱石　N ニッケル
- A **ボーキサイト**

丸暗記

❶ **ボーキサイト**…**アルミニウム**の原料。北部で採掘。

❷ 石炭・鉄鉱石…石炭は東部，鉄鉱石は西部で採掘。

❸ その他…鉱産物を地表から直接削り取り，渦巻き状に地下に掘り進める露天掘りが大規模に行われている。

テストで注意

Q グレートディバイディング山脈付近で主に採掘される鉱産資源は何か。　→→→　**A** 石　炭

---

⑥ オーストラリアの貿易 ★

❶ 相手国…かつてはイギリスが最大の貿易相手国→現在は中国・日本などアジア諸国との貿易が盛ん（最大の貿易相手国は**中国**）。

❷ 日本との関係…日本はオーストラリアから最も多く**石炭**や**鉄鉱石**を輸入している。また，**肉類**の輸入も多い。

最重要事項
暗記

オーストラリア

<u>右</u>は字に似る **石炭**だ
東部

オーストラリアでは主に東部で石炭が採掘される。

part
1
世界と日本の
すがた

part
2
世界の
さまざまな地域

part
3
地域調査・日本の
地域的特色

part
4
日本の
諸地域

✓ チェックテスト

解答

□❶ 右の地図中の@は大堡礁といわれるさんご礁である。カタカナで何というか。

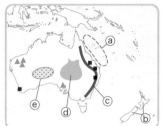

❶ グレートバリアリーフ

□❷ 地図中のⓑの国名を答えよ。

❷ ニュージーランド

□❸ 地図中のⓑ国を含む地域を何というか。

❸ ポリネシア

□❹ 地図中のⓒの山脈名を答えよ。

❹ グレートディバイディング山脈

□❺ 地図中のⓓの盆地について答えよ。

①盆地名をカタカナで答えよ。

②この盆地では主に何の放牧が行われているか。

③ここで家畜の飲み水に使われているのは何の水か。

❺ ①グレートアーテジアン盆地
②羊
③掘り抜き井戸

□❻ 地図中のⓔの砂漠名を答えよ。

❻ グレートビクトリア砂漠

□❼ 地図中の▲と■が表す鉱産資源は、それぞれ何か。

❼ ▲鉄鉱石
■石炭

□❽ オーストラリアの先住民を何というか。

❽ アボリジニ

□❾ かつてオーストラリアで行われていた有色人種の移民を制限する政策を何というか。

❾ 白豪主義

□❿ アルミニウムの原料となる鉱石の世界一の生産国はオーストラリアである。この鉱石は何か。

❿ ボーキサイト

□⓫ 右のグラフは、何の世界輸出量を表しているか。次から1つ選べ。

⑦ 綿花　　④ 絹

⑦ 羊毛　　ⓔ ジュート

(2017年)

その他 34.1

オーストラリア 36.9%

世界計 59 万t

トルコ 3.8 — 5.2 5.3 14.7

南アフリカ共和国　イギリス　ニュージーランド

(2020/21年版「世界国勢図会」)

⓫ ウ

□⓬ オーストラリアの貿易について答えよ。

①最大の輸出相手国はどこか(2018年)。

②輸出額が最大の鉱産資源は何か(2017年)。

⓬ ①中国
②鉄鉱石

図解ファイル① 世界の主な産業

トゥールーズ
各国で部品を分担
してつくり航空機
を組み立てる

ドイツ　スペイン
フランス　イギリス

ルール工業地域
ヨーロッパ最大の工業地域

北海油田

黒土 地帯
小麦の一大産地

チュメニ油田

小麦栽培
（華北）

小麦栽培

稲作
（華中・華南）

経済特区

地中海式農業
（地中海沿岸）

遊牧
（乾燥帯地域）

ペルシア湾
世界最大の
油田地帯

稲作

ギニア湾岸
カカオ豆 の一大産地

バンガロール
ICT 産業の拠点

プランテー
ション農業

アフリカ南部
銅・金・ダイヤモンド・
レアメタルを多く産出

ケニア
茶の生産

ピルバラ地区

小麦栽培と牧羊

#	原油
■	石炭
▲	鉄鉱石
▽	銅

米の生産量ベスト5（2018年）

順位	国名	（万t）
1	中国	21213
2	インド	17258
3	インドネシア	8304
4	バングラデシュ	5642
5	ベトナム	4405

小麦の生産量ベスト5（2018年）

順位	国名	（万t）
1	中国	13144
2	インド	9970
3	ロシア連邦	7214
4	アメリカ合衆国	5129
5	フランス	3580

part
1
世界と日本の
すがた

part
2
世界の
さまざまな地域

part
3
地域調査と日本の
地域的特色

part
4
日本の
諸地域

鉱産資源の生産1位の国

鉱産資源名	第1位の国	統計年
石炭	**中国**	2017
原油	アメリカ合衆国	2019
天然ガス	アメリカ合衆国	2018
鉄鉱石	オーストラリア	2017
銅鉱	**チリ**	2017

国内総生産ベスト5(2018年)

順位	国名	(億ドル)
1	**アメリカ合衆国**	205802
2	**中国**	136082
3	日本	49713
4	ドイツ	39495
5	イギリス	28553

肉牛の放牧
(西経100度以西の地域)

グレートプレーンズ
プレーリー
小麦地帯

メサビ鉄山

シリコンバレー
ICT産業の拠点

アパラチア炭田

ブラジル
コーヒー豆の生産

サンベルト
北緯37度以南の
新しい工業地域

カラジャス鉄山

イタビラ鉄山

焼畑農業
(アマゾン川流域)

漁獲量ベスト5(2018年)

順位	国名	(万t)
1	中国	1483
2	インドネシア	726
3	ペルー	721
4	インド	534
5	ロシア連邦	512

主要国の工業付加価値額の移り変わり

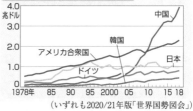

(いずれも2020/21年版「世界国勢図会」)

📝 まとめテスト

月　　日

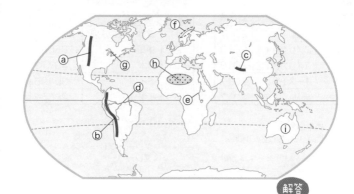

解答

□❶ 地図中の@の山脈名を答えよ。

❶ ロッキー山脈

□❷ 地図中の⑥の山脈名を答えよ。また，この地方で見られない家畜を次から1つ選べ。

　　㋐ アルパカ　　㋑ トナカイ　　㋒ リャマ

❷ アンデス山脈，
イ

□❸ 地図中の©の山脈名を答えよ。また，この山脈にある世界最高峰の山の名称を次から1つ選べ。

　　㋐ エベレスト山　　㋑ キリマンジャロ山

　　㋒ アコンカグア山　　㋓ モンブラン山

❸ ヒマラヤ山脈，
ア

□❹ 地図中の@の河川名を答えよ。また，この河川の流域に広がる熱帯雨林を何というか。

❹ アマゾン川，
セルバ

□❺ 地図中の@の河川名を答えよ。また，この河川はどの国で海に注ぎ出るか。

❺ ナイル川，
エジプト

□❻ 地図中の①は，氷河によって削られた複雑な地形の海岸である。この海岸を何というか。

❻ フィヨルド

□❼ 地図中の⑨の湖をまとめて何というか。また，この湖の周辺で盛んな農業を次から1つ選べ。

　　㋐ 春小麦　　㋑ 綿花　　㋒ 酪農　　㋓ 放牧

❼ 五大湖，
ウ

□❽ 地図中の⑥の砂漠名を答えよ。また，この砂漠の南部に広がる砂漠化が進んでいる地域を何というか。

❽ サハラ砂漠，
サヘル

□❾ ①が属する州名を答えよ。

❾ オセアニア州

part
1
世界と日本の
すがた

part
2
世界の
さまざまな地域

part
3
地域調査・日本の
地域的特色

part
4
日本の
諸地域

□⑩ 次の表はそれぞれ、ある農産物の生産統計（上位4か国とその割合）を表している。①〜④の農産物を下の㋐〜㋔から1つずつ選べ。

①
中国	27.1%
インド	22.1
インドネシア	10.6
バングラデシュ	7.2

②
中国	41.2%
インド	21.2
ケニア	7.8
スリランカ	4.8

③
コートジボワール	37.4%
ガーナ	18.0
インドネシア	11.3
ナイジェリア	6.3

④
ブラジル	34.5%
ベトナム	15.7
インドネシア	7.0
コロンビア	7.0

(2018年)　　　　　　　　　　(2020/21年版「世界国勢図会」)

　㋐ カカオ豆　　㋑ コーヒー豆　　㋒ 小麦
　㋓ 米　　　　　㋔ 茶

□⑪ 温帯のうち、イギリスなどに分布する、冬でも比較的温暖な気候を何というか。

□⑫ 7世紀にムハンマドがおこした宗教を何というか。

□⑬ 中国で行われていた人口抑制政策を何というか。

□⑭ 次のアジアの国はどこか。
　　①人口世界第2位で、米・小麦の生産はともに世界有数である。
　　②人口世界第4位で、イスラム教徒が多い。

□⑮ 次のヨーロッパの国はどこか。
　　① EU最大の工業国で、人口もEU最多。
　　② EU最大の農業国で、ワインの生産が盛ん。

記述 □⑯ アフリカ州に直線的な国境線が多いのはなぜか。

記述 □⑰ アメリカ合衆国の農業の特色である「適地適作」とは何か。

□⑱ 南アメリカのインディオと白人の混血を何というか。

□⑲ オーストラリアでかつて行われていた、ヨーロッパ以外からの移民を制限する政策を何というか。

⑩ ①エ
　②オ
　③ア
　④イ
⑪ 西岸海洋性気候
⑫ イスラム教
⑬ 一人っ子政策
⑭ ①インド
　②インドネシア
⑮ ①ドイツ
　②フランス
⑯ (例)かつて植民地支配をしたヨーロッパ諸国が経緯線を使って引いた境界線がそのまま使われているから。
⑰ (例)その土地の自然条件や社会条件に適した作物を選んで栽培すること。
⑱ メスチソ
⑲ 白豪主義

part3
地域調査,日本の地域的特色

11. 地域調査の手法

📎 図解チェック

① 地図の見方 ★★

❶ 方位…北を上にして表すか,**方位記号**をつける。

❷ 縮尺…実際の距離をどれだけ縮めているかを表した割合。**2万5千分の1の地形図**と**5万分の1の地形図**が主に使われる。

地図の縮尺	実際の距離1kmの地図上での長さ	地図上1cmの実際の長さ
2万5千分の1	4cm	250m
5万分の1	2cm	500m
10万分の1	1cm	1,000m
20万分の1	0.5cm	2,000m

▲実際の距離と縮尺の関係

❸ 実際の距離の求め方

 丸暗記

実際の距離 = 地図上の長さ × 縮尺の分母

(例) 5万分の1の地形図で2cmの場合,実際の距離は,
2cm × 50000 = 100000cm = 1000m = 1km

求め方を覚えよう!

🐰 知っておきたい　5万分の1などの地形図を作成しているのは**国土地理院**。

② 地図記号 ★★

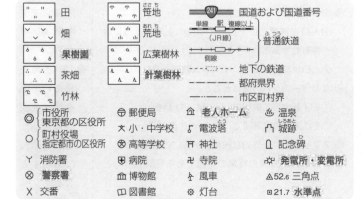

" " 田	⋔ ⋔ 笹地	▬241▬ 国道および国道番号
∨ ∨ 畑	⊥ ⊥ 荒地	単線 駅 複線以上 (JR線) ⎫普通鉄道
♠ ♠ **果樹園**	⬡ ⬡ 広葉樹林	側線 ⎭
∴ ∴ 茶畑	⋀ ⋀ **針葉樹林**	- - - - 地下の鉄道
ᴛ ᴛ 竹林		▬▬▬ 都府県界
		─ ─ ─ 市区町村界

◎ 市役所 東京都の区役所	⊕ 郵便局	⌂ 老人ホーム	♨ 温泉
○ 町村役場 指定都市の区役所	✕ 小・中学校	⚡ 電波塔	⌂ 城跡
Y 消防署	⊗ 高等学校	⌸ 神社	⌂ 記念碑
⊗ 警察署	⊕ 病院	卍 寺院	✿ **発電所・変電所**
X 交番	血 博物館	⚙ 風車	△52.6 三角点
	⊞ 図書館	☆ 灯台	⊡21.7 水準点

✏ **Check!**
2019年に「自然災害伝承碑」()ができた。

③ 等高線と地形図の読み取り ★★★

❶ 等高線…海面からの高さが同じところを結んだ線。

丸暗記
● 等高線の間隔が**広いところ** → 傾斜が**ゆるやか**。
● 等高線の間隔が**せまいところ** → 傾斜が**急**。

❷ 谷と尾根…**谷**は山ろくから山頂に向かって等高線が**高い**ほうへくいこみ，**尾根**は山頂から山ろくに向かって等高線が**低い**ほうへ張り出す。

線の種類 ＼ 縮尺	2万5千分の1	5万分の1
計曲線	50mごと	100mごと
主曲線	10m	20m
補助曲線	5m,2.5m	10m
	—	5m

▲等高線の種類と間隔

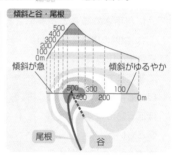

傾斜と谷・尾根

傾斜が急　　傾斜がゆるやか

尾根　　谷

地形図の読み取り

三角点（数値は標高）

博物館

主曲線（10mごと）

果樹園が広がる

宮町石

高速道路

集落

尾根（等高線が低いほうに張り出す）

蜂城山

谷（等高線が高いほうにくいこむ）

計曲線（50mごと）

※93%に縮小。　　（2万5千分の1地形図「石和」）

● 計曲線や主曲線の数値から，その地形図の縮尺を読み取ることができる。この地形図は，扇状地を表した2万5千分の1の地形図とわかる。
● 等高線の間隔から傾斜のようすが，地図記号から土地利用のようすがわかる。

④ 扇状地と三角州 ★★★

● 扇状地…山地を流れている川が平地に出るところに，上流から運ばれてきた土砂が積もってできる扇形の地形。

● 上部を扇頂，中央部を扇央，末端部を扇端という。

● 扇央では水が地下にしみこみやすいため，果樹栽培に利用されることが多い（山梨県の甲府盆地など）。

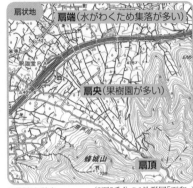

扇状地

扇端（水がわくため集落が多い）

扇央（果樹園が多い）

蜂城山

扇頂

※70%に縮小。　（2万5千分の1地形図「石和」）

② 三角州…川の流れによって運ばれてきた土砂が河口付近に積もってできる，ほぼ三角形の低地。デルタともいう。

● 古くから主に水田として利用されてきた。近年は宅地開発も行われる。

● まわりを川や海に囲まれており，土地が低く平らなため，等高線はほとんど見られない。

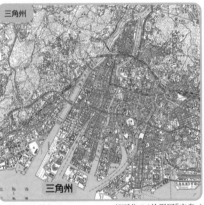

三角州

三角州

※28.5%に縮小。　（5万分の1地形図「広島」）

● 広島市の太田川河口や，木曽三川（木曽川・揖斐川・長良川）が合流する地域に見られる。木曽三川の下流域では，川よりも土地が低くなった輪中となっている。

最重要事項

暗記

1km が 2cm になる 5万 では

5万分の1の地形図

5万分の1の地形図で地図上の長さが2cmの場合，実際の距離は1kmである。

大きくなーれ ヴヴッ

✅ チェックテスト

part
1
世界と日本のすがた

part
2
世界のさまざまな地域

part
3
地域調査と日本の地域的特色

part
4
日本の諸地域

解答

□❶ 一般に地形図の上は，どの方位を表すか。   ❶ 北

□❷ 5万分の1などの地形図を作成しているのは，国土交通省に属する何という機関か。   ❷ 国土地理院

□❸ 縮尺の大きい地図がくわしく表しているのは，広い範囲か，せまい範囲か答えよ。   ❸ せまい範囲

□❹ 地形図で，同じ高さのところを結んだ線をまとめて何というか。   ❹ 等高線

□❺ ❹の線の間隔がせまいところの傾斜はどのようになっているか。   ❺ 急になっている。

□❻ 地形図で，❹の線が低いほうに張り出しているところを何というか。また，高いほうにくいこんでいるところを何というか。   ❻ 尾根，谷

□❼ ❹の線のうち，太い実線で描かれている線を何というか。   ❼ 計曲線

□❽ ❼の線の間隔は，5万分の1の地形図では何mごとに引かれているか。   ❽ 100 m

□❾ 右図の縮尺は何万分の1か答えよ。   ❾ 2万5千分の1

□❿ 右図の町役場から⑥地点までの地図上の長さが2cmのとき，実際の距離は何mか答えよ。   ❿ 500 m

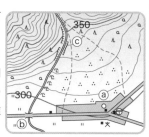

□⓫ 右図で，ⓒ地点から②町にかけて広がる地形の名を答えよ。   ⓫ 扇状地

□⓬ 5万分の1の地形図で1辺が4cmの正方形の土地の，実際の面積は何km²になるか答えよ。   ⓬ 4km²

□⓭ 次の地図記号はそれぞれ何を表しているか答えよ。

① 🏠　② Y　③ 卍　④ 🏛

⓭ ①老人ホーム
　②消防署
　③寺　院
　④図書館

12. 日本の地形

📎 図解チェック

1 世界の地形と造山帯 ★★

スカンディナビア山脈　ウラル山脈　北極海　ロッキー山脈
アルプス山脈　長江　大西洋　アパラチア山脈　アマゾン川
アルプス-ヒマラヤ造山帯　ヒマラヤ山脈　ナイル川　ミシシッピ川　太平洋　アンデス山脈
インド洋　**環太平洋**造山帯　グレートディバイディング山脈

高くて険しい山地
低くてなだらかな山地
起伏の少ない陸地(**安定大陸**)

丸暗記

環太平洋造山帯 → ロッキー山脈・アンデス山脈・日本列島など。

アルプス-ヒマラヤ造山帯 → アルプス山脈・ヒマラヤ山脈など。

安定大陸 → アフリカ大陸・オーストラリア大陸など。

2 日本の山地 ★★

丸暗記

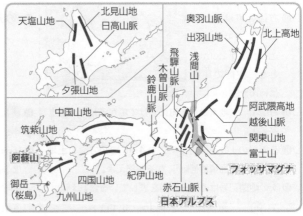

天塩山地　北見山地　日高山地　日高山脈　夕張山地
奥羽山脈　出羽山地　北上高地
飛騨山脈　木曽山脈　鈴鹿山脈　浅間山
中国山地　筑紫山地　**阿蘇山**　四国山地　紀伊山地　赤石山脈　**日本アルプス**
阿武隈高地　越後山脈　関東山地　富士山　**フォッサマグナ**
御岳(桜島)　九州山地

得点 UP!
● 河川と形成された平野をセットで覚えよう。
● 日本を取り囲む海と流れる海流名を覚えよう。

❶ 日本列島は, **環太平洋造山帯**の一部で**火山**が多い。
❷ 陸地の約**4分の3**を山地と丘陵地が占める。
❸ **日本アルプス**(飛騨山脈・木曽山脈・赤石山脈)が形成されている。

知っておきたい フォッサマグナは本州の中央部をほぼ南北に横断する溝状の地形。

3 日本の川と平地 ★★★

日本の主な川と平野

□ 平地

根釧台地
天塩川
石狩川
石狩平野
十勝平野
最上川
庄内平野
阿賀野川
越後平野
信濃川
富山平野
播磨平野
淀川
筑紫平野
筑後川
吉野川
宮崎平野
大阪平野
熊野川(新宮川)
日本海
太平洋
北上川
仙台平野
阿武隈川
利根川
関東平野
富士川
天竜川
木曽川
濃尾平野
紀ノ川

日本と世界の川の比較

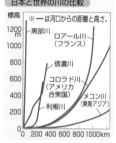

標高 ※ ― は河口からの距離と高さ。

黒部川
ロアール川(フランス)
信濃川
コロラド川(アメリカ合衆国)
メコン川(東南アジア)
利根川

0 200 400 600 800 1000km

テストで注意

Q 日本の川の特徴を答えよ。

↓

A (例)流れが急で短く,流域面積がせまい。

丸暗記
❶ 扇状地は, 川が山地から平地に出るところに土砂がたまって形成される。
❷ 三角州は河口に土砂が積もって形成される。
❸ 台地は低地より一段高いところに平らに広がる。

日本の地形

山地
盆地
扇状地
平野
三角州

Check!
平野―海に面した平地。盆地―山に囲まれた平地。

④ 日本の海岸と近海の海流 ★★

丸暗記

❶ 海流

- 寒流…親潮（千島海流）・リマン海流。
- 暖流…黒潮（日本海流）・対馬海流。

❷ 海岸地形

- 岩石海岸…リアス海岸（三陸海岸・若狭湾・志摩半島など）が見られる。
- 砂浜海岸…砂丘（鳥取砂丘など）が見られる。
- その他…さんご礁に囲まれた海岸，埋め立てや干拓によってできた人工海岸などがある。

❸ 海底地形

- 海溝…細長く深い溝状の地形。
- 大陸棚…水深200mくらいまでのゆるやかな傾斜地。

日本海溝は世界有数の深さをもつ海溝だよ。

リアス海岸
地盤が沈んだり，海面が上昇することによって山地が沈んでできた複雑な海岸線の地形。

くらべる

フィヨルド
氷河が深く削った谷に海水が入りこんでできた複雑な海岸線の地形。

知っておきたい 寒流の親潮（千島海流）と暖流の黒潮（日本海流）が出合う潮目（潮境）は世界有数の好漁場である。

最重要事項 暗記

太平洋 ぐるっと囲んだ
環太平洋

造山帯
環太平洋造山帯は，太平洋を取り囲むように見られる。

☑ チェックテスト

解答

□❶ 次の地名が含まれる造山帯名を答えよ。

①アンデス山脈・ロッキー山脈・フィリピン諸島

②アルプス山脈・イラン高原・ヒマラヤ山脈

□❷ 本州の中央部をほぼ南北に横断する溝状の地形を何というか。

□❸ 起伏の少ない安定した陸地を何というか。

□❹ 日本アルプスと呼ばれる3つの山脈名を北から順に答えよ。

記述 □❺ 日本の河川は，大陸の河川と比べて，一般にどんな特色があるか。

□❻ 次の写真の地形について答えよ。

 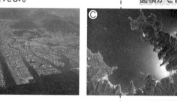

①Ⓐの地形を何というか。また，この土地は何に利用されることが多いか。次から1つ選べ。

㋐ 水田　　㋑ 集落　　㋒ 果樹園

②Ⓑのように，河口付近に見られる低地を何というか。

③三陸海岸や若狭湾，志摩半島などで見られるⒸのような入り組んだ海岸を何というか。

□❼ 日本のまわりを流れる次の海流名を答えよ。

①太平洋側を南下する寒流。

②太平洋側を北上する暖流。

③日本海側を北上する暖流。

□❽ 暖流と寒流が出合う，好漁場となる海域を何というか。

❶ ①環太平洋造山帯

②アルプス－ヒマラヤ造山帯

❷ フォッサマグナ

❸ 安定大陸

❹ 飛驒山脈，木曽山脈，赤石山脈

❺ （例）短くて流れが急で，流域面積がせまい。

❻ ①扇状地，ウ

②三角州

③リアス海岸

❼ ①親潮（千島海流）

②黒潮（日本海流）

③対馬海流

❽ 潮目（潮境）

13. 日本の気候・自然災害

📎 図解チェック

① 日本が属する温帯 ★

温帯の分布

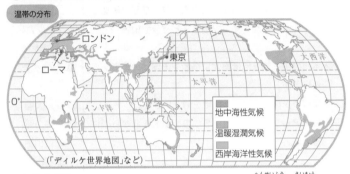

ロンドン
東京
ローマ
大西洋
太平洋
0°
インド洋

地中海性気候
温暖湿潤気候
西岸海洋性気候

(「ディルケ世界地図」など)

❶ **西岸海洋性気候**は，主に大陸西岸に分布し，暖流と**偏西風**の影響により，1年を通じて降水量が一定で，緯度のわりに温暖である。

❷ **温暖湿潤気候**は，主に大陸東岸に分布し，降水量が多く，**季節風(モンスーン)**の影響で，季節によって気温や降水量の変化が大きい。日本は主に温暖湿潤気候に属する。

❸ **地中海性気候**は，地中海沿岸やアフリカ南端，アメリカ西海岸などに分布し，夏は乾燥し，冬は降水量が多い。

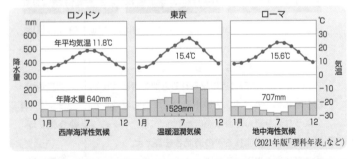

	ロンドン	東京	ローマ

年平均気温 11.8℃

年降水量 640mm

15.4℃

1529mm

15.6℃

707mm

西岸海洋性気候　温暖湿潤気候　地中海性気候

(2021年版「理科年表」など)

知って
おきたい

四季の変化があり，安定した気候の温帯は，農業に適していることから，古くから文明が発達し，人口密度も高い。

得点 UP!
● 気候ごとの雨温図の見分け方をマスターしよう。
● 気候がもたらす自然災害とその対策を整理しよう。

② 日本の気候区分 ★★★

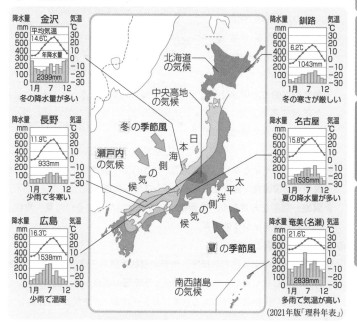

降水量 金沢 気温
mm 平均気温 ℃
600 14.6℃ 30
500 年降水量 20
400 10
300 0
200 -10
100 2399mm -20
0 -30
1月 7 12
冬の降水量が多い

降水量 長野 気温
mm ℃
600 11.9℃ 30
500 20
400 10
300 0
200 933mm -10
100 -20
0 -30
1月 7 12
少雨で冬寒い

降水量 広島 気温
mm 16.3℃ ℃
600 30
500 20
400 10
300 0
200 1538mm -10
100 -20
0 -30
1月 7 12
少雨で温暖

降水量 釧路 気温
mm ℃
600 6.2℃ 30
500 20
400 10
300 0
200 1043mm -10
100 -20
0 -30
1月 7 12
冬の寒さが厳しい

降水量 名古屋 気温
mm ℃
600 15.8℃ 30
500 20
400 10
300 0
200 1535mm -10
100 -20
0 -30
1月 7 12
夏の降水量が多い

降水量 奄美(名瀬) 気温
mm 21.6℃ ℃
600 30
500 20
400 10
300 0
200 -10
100 2838mm -20
0 -30
1月 7 12
多雨で気温が高い

北海道の気候
中央高地の気候
瀬戸内の気候
日本海側の気候
太平洋側の気候
南西諸島の気候
冬の季節風
夏の季節風

(2021年版「理科年表」)

丸暗記

❶ 北海道の気候…冷帯(亜寒帯)に属する。冬が長く厳しい。梅雨がなく，降水量が少ない。

❷ 日本海側の気候…暖流の対馬海流の上空を通過する冬の季節風が大量の水蒸気を含み，雪や雨をもたらす。

❸ 太平洋側の気候…冬は，日本海側で水蒸気を落とした季節風が乾いた風となって吹きおり，晴れた日が続く。夏は降水量が多い。

❹ 中央高地の気候…山に囲まれているため，一年中雨が少なく，昼と夜，夏と冬の気温差が大きい。

❺ 瀬戸内の気候…中国山地と四国山地にはさまれ，一年中雨が少ない。

❻ 南西諸島の気候…亜熱帯に属し，一年中雨が多く，冬でも温暖である。

③ 日本の自然災害 ★★

❶ 気象による災害と対策

日本の気象と地形による災害

- **風水害**…**梅雨や台風**による集中豪雨で、河川のはんらんや**土石流**がおこる→対策：**堤防**や河川整備。

▲ 主な火山
● 大地震の震源地
---- 津波危険地帯
□ 冷害

やませ
● 冷たく湿った北東の風

- **干害**…雨が少なく、農業用水や生活用水が不足する→対策：ため池・用水の整備、ダムの建設。

- **冷害**…日照不足となり、夏に気温が上がらず、農作物が不作となる→対策：品種改良、警戒を伝える情報システムの導入。

- **雪害**…雪崩がおきたり、交通網がストップしたりする→対策：除雪、**ロードヒーティング**の導入。

❷ 地形による災害と対策

- **地震**…揺れによる建物の崩壊、地盤の**液状化現象**。津波が発生して沿岸部に押し寄せることもある→対策：**活断層**の調査、防潮堤の建設。

- **火山噴火**…**火砕流**などによる被害がある→対策：砂防ダムの設置。

Check!

津波─地震によって発生。
高潮─台風などの気圧の変化によって発生。

テストで注意

Q 県や市町村が作成する災害予測地図を何というか。
↓
A ハザードマップ（防災マップ）

❸ 公助だけではなく、自助と共助。

最重要事項 暗記

降水量 冬は **北西** 夏は **南東**
　　　　　北西季節風　　　南東季節風

日本の雨や雪は、季節風（モンスーン）がもたらす。

part
1
世界と日本のすがた

part
2
世界のさまざまな地域

part
3
地域調査・日本の地域的特色

part
4
日本の諸地域

☑ チェックテスト

解答

□❶ 次の地図を見て各問いに答えよ。

①夏の季節風は, ㋐・㋑のどちらか。

②Aの気候区を何というか。

③Bの気候区に冬に多くの雪をもたらす原因となる, 日本海を流れる暖流を何というか。

④右の雨温図ⓐ・ⓑは, 地図中の㋕～㋚のどの都市のものか。

⑤Xの風がもたらす災害を何というか。

	ⓐ	ⓑ	℃
mm	平均気温		30
600		11.9℃	20
500	23.1℃		10
400	年間降水量		0
300		933mm	-10
200			-20
100	2041mm		-30
	1月 7 12	1月 7 12	

（2021年版「理科年表」）

⑥北海道の気候は, 世界の気候区分では何という気候帯に属するか。

⑦北海道を除く地域にある, 日本各地に大量の降水量をもたらす時期を何というか。

□❷ 日本に風水害をもたらす発達した熱帯低気圧を何というか。

□❸ 地震の震源地が海底の場合におきる, 大規模な波を何というか。

□❹ 火山の噴火によって高温の噴出物が猛スピードで流れ下りる現象を何というか。

□❺ 土砂が集中豪雨などによって, 一気に下流に押し流される現象を何というか。

□❻ 住民が安全に避難するために県や市町村が作成している災害予測地図を何というか。

❶①イ

②瀬戸内の気候

③対馬海流

④ⓐサ
　ⓑク

⑤冷害

⑥冷帯（亜寒帯）

⑦梅雨

❷台風

❸津波

❹火砕流

❺土石流

❻ハザードマップ（防災マップ）

part3

地域調査,日本の
地域的特色

14. 日本の人口

📎 図解チェック

1 世界の人口問題 ★★

❶ アジアやアフリカで見られる急激な人口増加→人口爆発。

● 発展途上国に多い。

● 人口増加による食料不足(飢餓), 劣悪な住環境のスラム, 干ばつによる難民の発生などがおこっている。

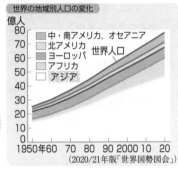

世界の地域別人口の変化
(2020/21年版「世界国勢図会」)

❷ 出生率・死亡率がともに低下→ヨーロッパや日本で見られる少子高齢化。

● 先進工業国に多い。

● 人口減少による市場の縮小, 労働力不足などがおこっている。

知って
おきたい
世界の人口は約78億人(2020年)。約6割がアジアに集中するが,人口増加率はアフリカが最も高い。

2 各国の人口ピラミッド ★★

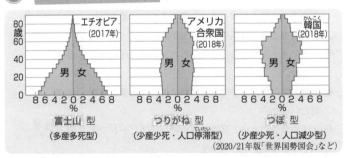

富士山型
(多産多死型)

つりがね型
(少産少死・人口停滞型)

つぼ型
(少産少死・人口減少型)
(2020/21年版「世界国勢図会」など)

❶ 人口ピラミッドは, 総人口に対する男女別・年齢別の人口構成を図式化したもの。年齢は5歳階級別のものが一般的。

❷ 人口ピラミッドは, 国が発展するにしたがって, 富士山型→つりがね型→つぼ型へと移行することが多い。

● 人口ピラミッドの読み取り方を習得しよう。

● 過疎と過密が抱える問題点を整理しよう。

③ 日本の人口ピラミッドの変化 ★★

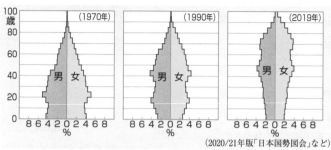

(2020/21年版「日本国勢図会」など)

知っておきたい：日本は世界の中でも急速に少子高齢化が進んでいる国である。

④ 日本の過密地域 ★★

❶ 東京・大阪・名古屋の三大都市圏に人口や企業が数多く集まる。

❷ 都市部では交通渋滞・住宅不足・公害・ごみ処理施設の不足などの問題が発生。

❸ 過密問題を避けるために、住宅開発が進んだ郊外へと都心の人口が移動した（ドーナツ化現象）。

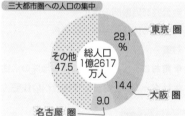

三大都市圏への人口の集中

その他 47.5　総人口 1億2617 万人　東京圏 29.1 ％　大阪圏 14.4　名古屋圏 9.0

東京圏：東京都、埼玉県、千葉県、神奈川県
大阪圏：大阪府、京都府、兵庫県、奈良県
名古屋圏：愛知県、岐阜県、三重県
(2019) (2020/21年版「日本国勢図会」)

❹ 近年は都市の再開発が進み、郊外から都心近くに人口が戻ってきている（都心回帰現象）。

Check!

地方中枢都市—地方の政治や経済の中心となる都市。

政令指定都市—政府によって指定を受けた人口50万人以上の都市。

⑤ 日本の過疎地域 ★★

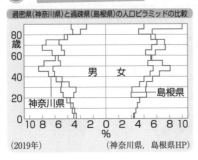

過密県(神奈川県)と過疎県(島根県)の人口ピラミッドの比較

(2019年)　(神奈川県, 島根県HP)

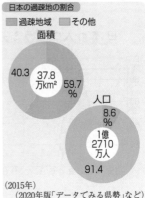

日本の過疎地の割合

■ 過疎地域　□ その他

面積
40.3　37.8万km²　59.7％

人口
8.6％
1億2710万人
91.4

(2015年)
(2020年版「データでみる県勢」など)

❶ 人口の流出

- 山間地域や離島を中心に全国的に拡大している。
- 若い世代の都市への流出→進む高齢化。

❷ 過疎…人口の流出により, 社会生活を維持することが困難になる現象。過疎によって次のような状況が見られる。

- 経済活動の衰えによる就労先の不足
- 公共交通機関の廃止 　　　　　　　　 } さらに人口流出は加速
- 商店の閉店や学校の統廃合

❸ 対策

- 町おこし・村おこしによる地域の活性化。
- Uターン・Iターン移住者への住宅・就労・育児支援。

テストで注意

Q　65歳以上の人口が過半数を占める集落を何というか。 →→→ A　限界集落

最重要事項
暗記

少子化は, 高齢社会 と だき合わせ
こう れい しゃ かい
老年人口の割合が高い

少子化が急激に進むと, 老年人口(65歳以上)の割合が高くなる。

☑ チェックテスト

解答

□❶ 世界の人口は約何億人か。

❶ 約78億人

□❷ 世界で最も人口の多い州はどこか。

❷ アジア州

□❸ 世界で最も人口増加率が高い州はどこか。

❸ アフリカ州

□❹ アジアやアフリカで見られる急激な人口増加を何というか。

❹ 人口爆発

□❺ ①韓国（かんこく），②エチオピア，③アメリカ合衆国を表す人口ピラミッドを次からそれぞれ選べ。

❺ ①ウ ②ア
③イ

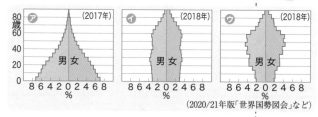

(2020/21年版「世界国勢図会」など)

□❻ ❺のア〜ウのうち，日本の人口ピラミッドとよく似ているのはどれか。

❻ ウ

□❼ 生まれてくる子どもの数が減少し，65歳（さい）以上の老年人口の割合が高くなる現象を何というか。

❼ 少子高齢化（こうれい）

□❽ 札幌（さっぽろ）や福岡のような，各地方の政治や経済の中心地の役割をもつ都市を何というか。

❽ 地方中枢都市（ちゅうすう）

□❾ 人口50万人以上で，政府によって指定を受けた都市を何というか。

❾ 政令指定都市

□❿ 三大都市圏（けん）の中核（ちゅうかく）となる東京以外の2つの都市名を答えよ。

❿ 大阪市，
名古屋市（なごや）

□⓫ 人口が集中し過ぎることで生じる問題をまとめて何というか。

⓫ 過密（問題）

□⓬ 都心の人口が減少し，郊外（こうがい）の人口が増加する現象を何というか。

⓬ ドーナツ化現象

□⓭ 人口が流出し，社会生活を維持（いじ）することが困難になる現象を何というか。

⓭ 過疎（かそ）

| 14 | 日本の人口 | 71

月　日

15. 日本の資源・エネルギー

図解チェック

① 世界の主な資源の分布★★

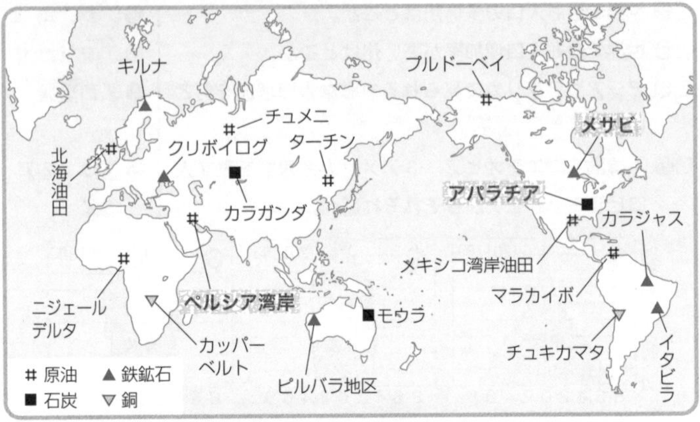
キルナ
プルドーベイ
チュメニ
メサビ
北海油田
クリボイログ
ターチン
カラガンダ
アパラチア
カラジャス
メキシコ湾岸油田
ニジェールデルタ
ペルシア湾岸
マラカイボ
モウラ
カッパーベルト
チュキカマタ
イタビラ
ピルバラ地区
♯ 原油　▲ 鉄鉱石
■ 石炭　▽ 銅

鉱産資源(エネルギー資源として利用できる石炭・原油などの鉱物)は世界の偏(かたよ)った地域に分布していることが多い。日本の産出量は少ない。

Check!
石炭一広い地域に分布。
原油一ペルシア湾(わん)周辺に分布。

② 日本の主な資源の輸入相手国★★

丸暗記

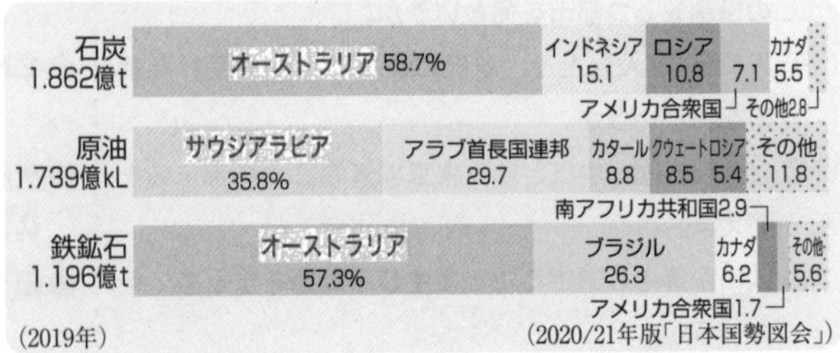
石炭 1.862億t
オーストラリア 58.7%
インドネシア 15.1
ロシア 10.8
7.1
カナダ 5.5
アメリカ合衆国
その他2.8
原油 1.739億kL
サウジアラビア 35.8%
アラブ首長国連邦 29.7
カタール 8.8
クウェート 8.5
ロシア 5.4
その他 11.8
南アフリカ共和国2.9
鉄鉱石 1.196億t
オーストラリア 57.3%
ブラジル 26.3
カナダ 6.2
その他 5.6
アメリカ合衆国1.7
(2019年)
(2020/21年版「日本国勢図会」)

- 日本は鉱産資源のほとんどを外国からの輸入に頼(たよ)っている。

知っておきたい　原油は主に西アジアの国々から，鉄鋼の原料になる鉄鉱石や石炭は主にオーストラリアから輸入している。

再生可能エネルギーや
新しい資源に注目！

③ エネルギーの消費と課題 ★★

世界の二酸化炭素(CO₂)排出量割合

1990年 205億t	中国 10.3%	アメリカ合衆国 23.4	EU28か国 19.6	ロシア 10.5	日本 5.1	その他 28.5	
2017年 328億t	28.3%	14.5	9.8	6.6	4.7	32.7	

インド2.6 ─┐ (1990年)
┌3.4 (2017年)

0% 10 20 30 40 50 60 70 80 90 100

(2020/21年版「日本国勢図会」)

❶ 消費エネルギーが増大→1人当たりのエネルギー消費量は先進工業国で非常に高い。発展途上国も産業の発達に伴って増大。

❷ 地球の気温が少しずつ高くなる**地球温暖化**が深刻。原因とされる二酸化炭素などの**温室効果ガス**は，化石燃料(石炭・石油・天然ガスなど)の大量使用によって増大。

❸ 再生可能エネルギーの開発→温室効果ガス削減の手段の1つ。
   ● **太陽光・風力・地熱**などの自然界に存在するエネルギー。
   ● 草や木，家畜の排せつ物など生物資源に由来する**バイオマス**。

❹ 注目を集める新しい資源→**シェールガス**や**シェールオイル**。

❺ 限りある資源を有効に活用→資源の再利用(**リサイクル**や再資源化)。環境保全と経済発展を両立させる取り組みが世界各地で行われている→**持続可能な社会**の実現のため。

④ 各国の発電エネルギー源別割合 ★

	水力	火力	原子力	地熱・新エネルギー
日本 1兆73億kWh	8.9%	85.5	3.1	
アメリカ合衆国 4兆2864億kWh	7.6%	64.6	19.6	8.1
中国 6兆6349億kWh	17.9%	71.9	3.7	6.4
フランス 5621億kWh	9.8% 13.0	70.9		6.1
ブラジル 5894億kWh	62.9%	27.0	2.7	7.3

(2017年)※合計が100%になるように調整していない。

(2020/21年版「世界国勢図会」)

⑤ 日本の発電所 ★★

❶ **水力発電**…自然エネルギーによる発電。**ダム**が必要であるため、河川上流の山間部に分布。ダムの建設費が高く、ダム建設による環境破壊などの問題がある。

日本の主な発電所の分布
- ● 水力発電所
- ● 火力発電所
- ● 原子力発電所
- ● 地熱発電所

(2017年)

(2017年版「電気事業便覧」など)

❷ **火力発電**…燃料の輸入がしやすい、工業地域や大都市に近い平野部に分布。化石燃料を大量に消費するため、温室効果ガスが大量に発生する。

❸ **原子力発電**…大都市から離れた場所で、大量の冷却水を必要とするため、海岸の近くに分布。出力が大きく、発電の過程で温室効果ガスを出さないが、事故がおこると放射性物質による汚染などの深刻な被害が出る。

❹ **太陽光発電・地熱発電・風力発電**などの再生可能エネルギーによる新しい発電が広まりつつある。

テストで注意

Q 日本で原子力発電所が長く稼働しない状況が続いたのはなぜか。 → → → **A** (例)東日本大震災で、福島第一原子力発電所が深刻な事故をおこしたから。

最重要事項 暗記

エネルギー 消費多いが **自前なし**
　　　　　　　　　　　　　ほとんど輸入

輸入しなきゃ車も走れない…　GS

日本は、エネルギー資源のほとんどを輸入に頼っている。

☑ チェックテスト

解答

□❶ 沿岸部で原油が多く産出される西アジアの湾を何と
いうか。

❶ ペルシア湾

□❷ 次のグラフ①〜③は，それぞれある資源の日本の輸入
相手国の割合を表している。①〜③の資源を答えよ。

❷ ①石　炭

②原　油

③鉄鉱石

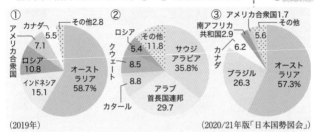

① アメリカ合衆国 7.1　カナダ 5.5　その他2.8　ロシア 10.8　インドネシア 15.1　オーストラリア 58.7%

② ロシア 5.4　その他 11.8　クウェート 8.5　カタール 8.8　アラブ首長国連邦 29.7　サウジアラビア 35.8%

③ アメリカ合衆国1.7　南アフリカ共和国2.9　その他 5.6　カナダ 6.2　ブラジル 26.3　オーストラリア 57.3%

(2019年)　(2020/21年版「日本国勢図会」)

□❸ 地球温暖化の原因と考えられているガスの総称を何
というか。

❸ 温室効果ガス

□❹ 太陽光や風力などの自然エネルギーの総称を何とい
うか。

❹ 再生可能
エネルギー

□❺ 天然ガスの一種で，新しい資源として注目されてい
る鉱産資源を何というか。

❺ シェールガス

□❻ 資源を有効活用し，環境保全と経済発展を同時に目
指す社会を何というか。

❻ 持続可能な
社会

□❼ 発電エネルギー源として原子力の割合が最も高い国
を次から1つ選べ。

　　㋐ ブラジル　　㋑ 中国

　　㋒ フランス　　㋓ アメリカ合衆国

❼ ウ

□❽ 2011年に重大な事故をおこした日本の原子力発電
所を何というか。

❽ 福島第一原子
力発電所

記述 □❾ 日本で原子力発電所が建設される場所の特色を簡潔
に答えよ。

❾ (例)都市部か
ら離れた沿岸
部

□❿ 火山国である日本で注目されている発電方法を何と
いうか。

❿ 地熱発電

16. 日本の農業・林業・漁業

📎 図解チェック

① 各国の産業別人口の割合 ★

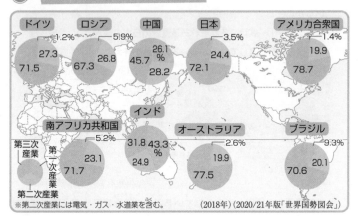

| ドイツ | 1.2% |
| 27.3 |
| 71.5 |

ロシア 5.9%
26.8
67.3

中国 26.1%
45.7
28.2

日本 3.5%
24.4
72.1

アメリカ合衆国 1.4%
19.9
78.7

南アフリカ共和国 5.2%
23.1
71.7

インド 31.8 43.3%
24.9

オーストラリア 2.6%
19.9
77.5

ブラジル 9.3%
20.1
70.6

第三次産業 第一次産業 第二次産業

※第二次産業には電気・ガス・水道業を含む。　(2018年) (2020/21年版「世界国勢図会」)

丸暗記
❶ 第一次産業は,自然に働きかけて生産する**農業・林業・漁業**。
❷ 第二次産業は,**鉱工業・建設業**など,原材料を加工する産業。
❸ 第三次産業は,**商業**(小売業・卸売業)や**サービス業**など,物の生産に直接関わらない産業。

知っておきたい　発展途上国は第一次産業の割合が高く,先進国は第三次産業の割合が高い。

② 食料自給率とその低下 ★★★

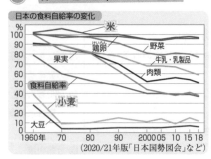

日本の食料自給率の変化

米　野菜　鶏卵　牛乳・乳製品　果実　肉類　食料自給率　小麦　大豆

1960年 70 80 90 2000 05 10 15 18
(2020/21年版「日本国勢図会」など)

国名	%
カナダ	255
オーストラリア	233
アメリカ合衆国	131
フランス	130
ドイツ	95
イタリア	59
日本	38

▲世界の主な国の食料自給率
(2017年, 日本は2019年)
(農林水産省)

得点UP!
- 気候の特色を利用した農業の特徴を整理しよう。
- 漁業と排他的経済水域の関係を理解しよう。

❶ 農産物の**貿易自由化**により，**牛肉・オレンジ**などの安価な農産物が海外から流入→品質や安全性の高さで対抗する動きが見られる。

❷ **環太平洋経済連携協定(TPP)** への参加により，外国産食料品の輸入が増加→国内産業への影響が心配される。

❸ 第一次産業で働く人口の減少・高齢化→その地域でとれた農産物を地元で消費する地産地消などの取り組みが見られる。

③ 日本の農業規模 ★★

❶ 広大な農地で大規模農業を行っているアメリカ合衆国やオーストラリアに対し，日本は北海道を除けば，規模の小さい農家が多い→北海道以外の地方の**販売**農家の約54％は，1戸あたりの耕地面積が1.0ha 未満(2019年)である。

❷ 機械化が進み，ほかの仕事と**兼業**している農家が多い。

❸ 農業を収入の主とする**主業農家**ばかりではなく，農家の総数も減少を続けている。

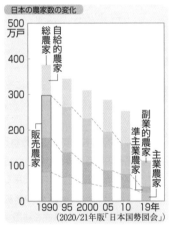

日本の農家数の変化

(2020/21年版「日本国勢図会」)

国名	農林水産業人口（千人）	国土面積に占める農地の割合（％）	農林水産業従事者1人あたりの農地面積（ha）
日本	2344	11.8	1.9
アメリカ合衆国	2181	41.3	185.9
オーストラリア	327	48.0	1137.1
フランス	692	52.3	41.5

▲世界の主な農業国の農業規模　　　　(2018年) (2020/21年版「世界国勢図会」)

④ 日本各地の農業のようす ★★★

日本の地域別農業産出額の割合

	米	野菜	畜産	その他	（産出額）
北海道	8.9%	18.0	58.3	14.8	1兆2593億円
東北	32.3%	18.7	31.0	18.0	1兆4325億円
北陸	60.3%		14.6	17.0 / 8.1	4128億円
関東・東山	16.8%	36.3	27.0	19.9	2兆356億円
東海	13.4%	29.8	29.4	27.4	7452億円
近畿	26.8%	23.8	20.7	28.7	4787億円
中国	25.3%	19.9	37.8	17.0	4597億円
四国	13.0%	36.9	22.1	28.0	4200億円
九州・沖縄	10.0%	23.5	46.4	20.1	1兆8844億円

※北陸：新潟，富山，石川，福井　東山：山梨，長野　東海：岐阜，静岡，愛知，三重
（2018年）　　　　　　　　　　　　（2020/21年版「日本国勢図会」）

丸暗記

❶ 稲作…平野部を中心に各地で行われているが，米の生産は特に**東北地方・北陸地方**で多い（→ P.117）。

❷ 野菜

● 近郊農業…大都市周辺で行われ，新鮮な野菜を都市に供給する農業。千葉県のねぎ・ほうれんそう，茨城県のはくさいなど。

● 促成栽培…温暖な気候を利用し，季節より早く野菜などを出荷する農業。**高知平野や宮崎平野**のなす・ピーマンなど。

● 抑制栽培…涼しい気候を利用し，季節より遅く野菜などを出荷する農業。長野県のレタス，群馬県のキャベツなど。

❸ 果樹…扇状地や台地で栽培される。東日本は**りんご**，中央高地は**ぶどうやもも**，西日本は**みかん**が栽培の中心。

❹ 畜産…北海道では酪農や肉牛の飼育，九州地方では肉牛や豚の飼育が盛ん。

テストで注意

Ｑ 温室やビニールハウスを利用した農業を何というか。
↓
Ａ 施設園芸農業

知っておきたい 北海道では，乳用牛の乳をしぼって生乳を生産したり，乳からバターやチーズをつくる酪農が盛んである。

⑤ 日本の主な農作物の生産量 ★★

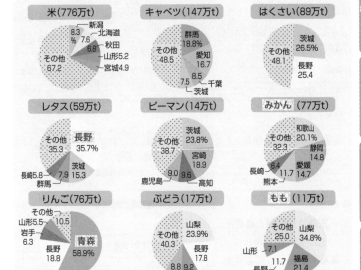

米（776万t）
- 新潟 8.3%
- 北海道 7.6
- 秋田 6.8
- 山形 5.2
- 宮城 4.9
- その他 67.2

キャベツ（147万t）
- 群馬 18.8%
- 愛知 16.7
- 千葉 8.5
- 茨城 7.5
- その他 48.5

はくさい（89万t）
- 茨城 26.5%
- 長野 25.4
- その他 48.1

レタス（59万t）
- 長野 35.7%
- 茨城 15.3
- 群馬 7.9
- 長崎 5.8
- その他 35.3

ピーマン（14万t）
- 茨城 23.8%
- 宮崎 18.9
- 高知 9.6
- 鹿児島 9.0
- その他 38.7

みかん（77万t）
- 和歌山 20.1%
- 静岡 14.8
- 愛媛 14.7
- 熊本 11.7
- 長崎 6.4
- その他 32.3

りんご（76万t）
- 青森 58.9%
- 長野 18.8
- 岩手 6.3
- 山形 5.5
- その他 10.5

ぶどう（17万t）
- 山梨 23.9%
- 長野 17.8
- 山形 9.2
- 岡山 8.8
- その他 40.3

もも（11万t）
- 山梨 34.8%
- 福島 21.4
- 長野 11.7
- 山形 7.1
- その他 25.0

（2018年。米は2019年）　（農林水産省など）

⑥ 日本の林業 ★

❶ 日本の国土面積の約3分の2を森林が占める。

❷ 日本の天然三大美林
- 青森ひば
- 秋田すぎ
- 木曽ひのき

❸ 林業はかつて盛んな産業だった
→安価な輸入木材の増加により，林業人口は減り，従事者の高齢化も進んでいる→2000年代後半からは生産量が少しずつ増え，自給率も回復しつつある。

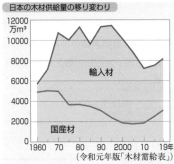

日本の木材供給量の移り変わり

輸入材

国産材

（令和元年版「木材需給表」）

知っておきたい　森林には，災害の防止や地球温暖化の防止，水資源の確保などのはたらきがある。

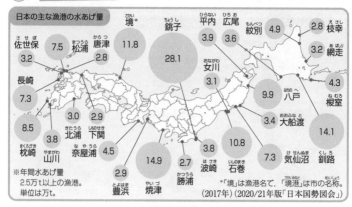

日本の主な漁港の水あげ量

境* 11.8
銚子 28.1
平内 3.9
広尾 3.6
紋別 4.9
枝幸 2.8
網走 3.2
佐世保 3.2
松浦 7.5
唐津 2.8
長崎 7.3
女川 3.1
八戸 9.9
根室 4.3
枕崎 8.5
北浦 3.0
下関 2.9
山川 3.8
奈屋浦 4.5
大船渡 3.4
釧路 14.1
波崎 3.8
石巻 10.8
気仙沼 7.3
豊浜 2.9
焼津 14.9
勝浦 2.7

※年間水あげ量
2.5万t以上の漁港。
単位は万t。

*「境」は漁港名で,「境港」は市の名称。
(2017年)(2020/21年版「日本国勢図会」)

❶ 好漁場
- **三陸沖**→親潮と黒潮が出合う潮目(潮境)。
- 東シナ海に広がる広大な**大陸棚**。

❷ 漁業の衰退…各国の**排他的経済水域**の設定によって,漁業制限が厳しくなり,特に**遠洋漁業**の漁獲

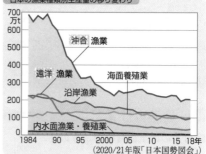

日本の漁業種類別生産量の移り変わり

沖合漁業
遠洋漁業
海面養殖業
沿岸漁業
内水面漁業・養殖業

1984　90　95　2000　05　10　15 18年
(2020/21年版「日本国勢図会」)

量が激減→水産物の**輸入**が増加し,「とる漁業」から「**育てる漁業**」へ。

Check!
> 養殖業—いけすの中で卵から成魚になるまで育てる。
> 栽培漁業—卵から稚魚まで育てて放流し,育ってからとる。

最重要事項
暗記

米以外 **自給できない** 日本食
　　　　自給率が低い　　日本の食料

日本の食料自給率は先進国の中でも最低水準である。

☑ チェックテスト

解答

□❶ 日本の産業別人口の割合が高い順に次の⑦～⑨を並べかえよ。

　⑦ 第一次産業　　④ 第二次産業　　⑨ 第三次産業

❶ ⑨→④→⑦

□❷ 農業を収入の主とする農家を何というか。

❷ 主業農家

□❸ 次の①～③の地方の農業産出額で最も多いものを,下から1つずつ選べ。

　①北海道　　②関東・東山　　③北陸

　⑦ 米　　④ 野菜　　⑨ 果実　　④ 畜産

❸ ① ④
　② ④
　③ ⑦

□❹ 乳牛を飼育し,牛乳やバター・チーズなどを生産・販売する農業を何というか。

❹ 酪農

□❺ 都市に新鮮な野菜を供給するために,大都市の周辺で行われる園芸農業を何というか。

❺ 近郊農業

□❻ 暖かい気候を利用し,季節より早く野菜を収穫・出荷する栽培方法を何というか。

❻ 促成栽培

□❼ 次のグラフ(日本の主な農産物の生産量割合)にあてはまる農産物を,下から1つずつ選べ。

❼ ① ④　② ⑨
　③ ⑦

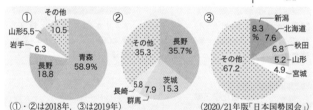

（①・②は2018年，③は2019年）　　　　　　　　（2020/21年版「日本国勢図会」）

　⑦ 米　　④ ぶどう　　⑨ レタス
　④ ピーマン　　④ りんご

❽(例)各国の排他的経済水域での操業規制により,国内の漁獲量が減少したため。

記述 □❽ 世界有数の水産国だった日本が水産物の輸入国になった大きな原因は何か答えよ。

□❾ 日本で漁獲量が最も多い漁業を次から1つ選べ。

　⑦ 沖合漁業　　④ 遠洋漁業　　⑨ 沿岸漁業

❾ ⑦

□❿ 卵をかえして稚魚まで育て,放流する漁業は何か。

❿ 栽培漁業

17. 日本の工業, 商業・サービス業

📎 図解チェック

産業革命は イギリスから世界各地に 広がったよ。

1 日本の工業のあゆみ ★★

❶ 明治時代…繊維工業中心の**軽工業**で産業革命→1901年, **八幡製鉄所**が操業開始, **重工業**が発展する。

❷ 第二次世界大戦前…**軍需工業**が発達する。

丸暗記 ❸第二次世界大戦後…原料の輸入や製品の輸送に便利な臨海型の **重化学工業地域(太平洋ベルト)**が形成される。

● **京浜**工業地帯　● **中京**工業地帯
● **阪神**工業地帯　● **北九州**工業地帯

❹ 1970年代以降…組み立て型の**機械工業**が発達し, 工業地域が内陸へと拡大。東北や九州地方の空港, 高速道路のインターチェンジ付近に**工業団地**が整備され, 内陸型の新しい工業地域が形成される。

❺ 現在…**先端技術(ハイテク)産業**や**情報通信技術(ICT)産業**が発展。

> **テストで注意**
> **Q** 輸入した原料で, 工業製品をつくって輸出する貿易形態を何というか。
> ↓
> **A** 加工貿易

太平洋ベルト
関東地方から九州地方北部にかけてのびる, 帯状の工業地域。

くらべる

サンベルト
アメリカ合衆国の北緯37度以南の, 新しい工業が発達する地域。

日本の工業出荷額割合の変化

	重化学工業				軽工業	
1960年	金属 18.8%	機械 25.8	化学 11.1	食料品 13.1	繊維 12.3	その他 18.9
1980	17.1%	31.8	15.5	10.5	5.2	19.9
2000	11.1%	45.8	11.0	11.6	2.3	18.2
2010	13.6%	44.6	14.2	11.7	1.4	14.5
2017	13.4%	46.0	13.1	12.1	1.2	14.2

0%　10　20　30　40　50　60　70　80　90　100

(2020/21年版「日本国勢図会」)

得点 UP! ●日本の工業地帯・工業地域の出荷額グラフを見分けよう。
●現在の日本の工業が抱える問題を理解しよう。

part 1 世界と日本のすがた
part 2 世界のさまざまな地域
part 3 地域調査日本の地域的特色
part 4 日本の諸地域

② 日本の工業地帯・工業地域 ★★★

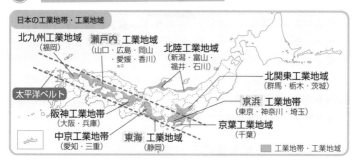

日本の工業地帯・工業地域

北九州工業地域（福岡）
瀬戸内 工業地域（山口・広島・岡山・愛媛・香川）
北陸工業地域（新潟・富山・福井・石川）
北関東工業地域（群馬・栃木・茨城）
太平洋ベルト
阪神工業地帯（大阪・兵庫）
京浜 工業地帯（東京・神奈川・埼玉）
中京工業地帯（愛知・三重）
東海 工業地域（静岡）
京葉工業地域（千葉）
■ 工業地帯・工業地域

日本の工業地帯・工業地域の工業出荷額の割合

	重化学工業			軽工業		（出荷額）
	金属	機械	化学	食料品	その他	
京浜工業地帯	10.1%	45.5	15.9	12.4 繊維0.5	15.6	39.7兆円
中京 工業地帯	9.4%	69.4		6.2	4.7 9.5 0.8	57.8兆円
阪神 工業地帯	20.7%	36.9	17.0	11.0	13.1 1.3	33.1兆円
北九州工業地域※	16.3%	46.6	5.6	16.9	14.1 0.5	9.8兆円
北関東 工業地帯	13.9%	45.0	9.9	15.5	15.1 0.6	30.7兆円
瀬戸内 工業地域	18.6%	35.2	21.9	8.1	14.1 2.1	30.7兆円
東海工業地域	7.8%	51.7	11.0	13.7	15.1 0.7	16.9兆円
北陸工業地域	16.8%	40.7	12.8	9.4 4.3	16.0 0.2	14.0兆円
京葉 工業地域	21.5%	13.1	39.9	15.8	9.5	12.2兆円

※工業生産の低迷により，現在は工業地域と呼ばれる。
（2017年）
（2020/21年版「日本国勢図会」）

❶ **機械工業**の割合が高い→**中京**工業地帯・**東海**工業地域・**北関東**工業地域
は**自動車工業**が盛ん。

❷ **化学工業**の割合が高い→**京葉**工業地域は石油化学コンビナートが集中。

❸ **金属工業**の割合が高い→**阪神**工業地帯・**瀬戸内**工業地域・**京葉**工業地域
は，原料や燃料の輸入に便利な臨海部に製鉄所が立地。

① 1980年代，**自動車**を中心に日本の**貿易黒字**が続き，アメリカ合衆国やヨーロッパなどとの関係が悪化した（**貿易摩擦**）→日本企業は**輸出の自主規制**を行うとともに，相手国に工場を建設し，現地で労働者を雇って**現地生産**を始めた。

> **Check!**
> 貿易黒字—輸出が輸入を上回る。
> 貿易赤字—輸出が輸入を下回る。

② 日本は**安価な労働力**や市場を求めて，東南アジアや中国に工場を建設→日本企業の**多国籍企業化**が進む→日本国内の生産が衰退し，**産業の空洞化**が発生→**中小工場**に特に大きな影響。

④ 商業・サービス業 ★★

① 日本では，商業やサービス業が含まれる**第三次産業**の仕事をする人が全体の7割を超えている。

② 第一次産業と第三次産業が発達している地域や，第二次産業と第三次産業が発達している地域など，地域によって特色が異なっている。

主な都道府県の産業別人口の割合	■第一次産業 ■第二次産業 □第三次産業

	第一次産業	第二次産業	第三次産業
全国	-3.4%	24.1	72.5
北海道	-6.1%	-17.4	76.5
青森	12.0%	20.8	67.2
東京	-0.5%	-15.8	83.7
千葉	-2.8%	-19.6	77.6
愛知	-2.1%	32.7	65.3
大阪	-0.4%	23.8	75.7
高知	10.2%	17.4	72.3
鹿児島	8.1%	19.7	72.2
沖縄	-4.0%	-15.4	80.7

（2017年）　　　　　　　　　　　　　　　（2020年版「データでみる県勢」）

> **Check!**
> 第三次産業が盛んな地域—人口が多い都道府県や観光業が重要な産業になっている都道府県では第三次産業で働く人の割合が高い。

最重要事項 暗記

中京は **自動車関連** 日本一
自動車と関連の下請け工場

中京工業地帯は，愛知県豊田市を中心に自動車生産日本一。

☑ チェックテスト

解答

□❶ 日本の工業地帯・工業地域は，関東から北九州に集中している。この地域を何というか。

❶ 太平洋ベルト

□❷ 原料を輸入し，工業製品を製造・輸出する貿易を何というか。

❷ 加工貿易

□❸ 東京都・神奈川県・埼玉県に位置する工業地帯を何というか。

❸ 京浜工業地帯

記述 □❹ 日本で重化学工業地帯・工業地域が臨海部に立地しているのはなぜか。

❹ (例)原料の輸入や製品の輸送に便利だから。

□❺ 日本で出荷額が最も多い工業を次から1つ選べ。
　　⑦ 金属工業　　④ 機械工業
　　⑦ 化学工業　　⑤ 食料品工業

❺ イ

□❻ 日本で最も工業出荷額が多い工業地帯を答えよ。

❻ 中京工業地帯

□❼ 日本の工業出荷額の中で化学工業の割合が最も高い千葉県の工業地域を何というか。

❼ 京葉工業地域

□❽ 日本とアメリカ合衆国が自動車の貿易をめぐって対立したことを何というか。

❽ 貿易摩擦

□❾ 日本の企業が海外に工場を移し，現地生産することで国内の産業が衰えることを何というか。

❾ 産業の空洞化

□❿ 日本では鉱工業は第何次産業に分類されるか。

❿ 第二次産業

□⓫ 日本で最も多くの人が従事しているのは第何次産業か。

⓫ 第三次産業

□⓬ 次の①～③は，どの都県の産業別人口の割合を表したものか。下から1つずつ選べ。

⓬ ①イ
　②ア
　③ウ

	第一次産業2.1%		
①	第二次産業32.7	第三次産業65.3	
	0.5%		
②	15.8	83.7	
③	12.0%	20.8	67.2

(2017年)　　　　　　　　　(2020年版「データでみる県勢」)

⑦ 東京都　　④ 愛知県　　⑦ 青森県

18. 日本の貿易・交通・通信網

図解チェック

① 世界の貿易 ★

❶ 経済成長を続ける中国の貿易の伸びが著しい。

❷ 世界の貿易の多くは先進国で占められている→発展途上国との経済格差が拡大。

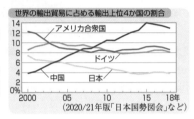

世界の輸出貿易に占める輸出上位4か国の割合

アメリカ合衆国
ドイツ
中国
日本

2000　05　10　15　18年
(2020/21年版「日本国勢図会」など)

② 日本の貿易品目の変化 ★★

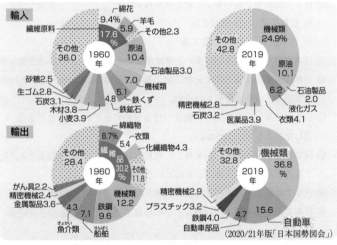

輸入

1960年
繊維原料 17.6%
　綿花 9.4%
　羊毛 5.9
　その他2.3
原油 10.4
石油製品3.0
機械類 7.0
鉄くず 5.1
鉄鉱石 4.8
小麦3.9
木材3.8
石炭3.1
生ゴム2.8
砂糖2.5
その他 36.0

2019年
機械類 24.9%
原油 10.1
石油製品 6.2
液化ガス 2.0
衣類4.1
医薬品3.9
石炭3.2
精密機械2.8
その他 42.8

輸出

1960年
繊維品 30.2%
　綿織物 8.7%
　衣類 5.4
　化繊織物4.3
　その他 11.8
機械類 12.2
鉄鋼 9.6
船舶 7.1
魚介類 4.3
金属製品3.6
精密機械2.4
がん具2.2
その他 28.4

2019年
機械類 36.8%
自動車 15.6
自動車部品 4.7
鉄鋼 4.0
プラスチック3.2
精密機械2.9
その他 32.8

(2020/21年版「日本国勢図会」)

❶ 原料を輸入し、製品を輸出する**加工貿易**→外国製品との競争が激化し、国内での工業製品の生産に伸び悩む→工業製品の輸入が増加。

❷ 輸出品は**軽工業中心**→**重化学工業中心**へ。

❸ 日本は1981年から**貿易黒字**が続いていたが、2011年の東日本大震災以降、おおむね**貿易赤字**となっている。

知っておきたい　貿易摩擦などの問題を解決するための機関として、世界貿易機関（WTO）がある。

得点UP!
- ●日本の貿易における品目の変化を読み取ろう。
- ●鉄道・自動車・船・航空機の特色を整理しよう。

part 1 世界と日本のすがた

part 2 世界のさまざまな地域

part 3 地域調査・日本の地域的特色

part 4 日本の諸地域

③ **日本の貿易相手地域の変化** ★

❶ かつての日本は，アメリカ合衆国との貿易が輸出入ともに大きな割合を占めていた。

❷ 近年，**アジア**の割合が上昇→中国や東南アジア諸国の経済成長を背景に，アジアへ進出する日本企業が増加。

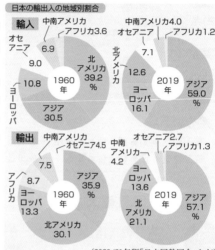

日本の輸出入の地域別割合

輸入

1960年
- 北アメリカ 39.2%
- アジア 30.5
- ヨーロッパ 10.8
- オセアニア 9.0
- 中南アメリカ 6.9
- アフリカ 3.6

2019年
- アジア 59.0%
- ヨーロッパ 16.1
- 北アメリカ 12.6
- オセアニア 7.1
- 中南アメリカ 4.0
- アフリカ 1.2

輸出

1960年
- アジア 35.9%
- 北アメリカ 30.1
- ヨーロッパ 13.3
- アフリカ 8.7
- 中南アメリカ 7.5
- オセアニア 4.5

2019年
- アジア 57.1%
- 北アメリカ 21.1
- ヨーロッパ 13.6
- 中南アメリカ 4.2
- オセアニア 2.7
- アフリカ 1.3

(2020/21年版「日本国勢図会」など)

知っておきたい

日本の最大の貿易相手国は中国である。

④ **輸送と貿易** ★★

❶ **海上輸送**では，石炭・原油・鉄鉱石などの鉱産資源や自動車・鉄鋼などの重量の重いものを運ぶ→輸送時間はかかるが，**大量に安価に運ぶこと**ができる。

- **タンカー**…原油や液化天然ガスを専門に輸送。
- **コンテナ船**…金属製の大型容器(コンテナ)で貨物を輸送。

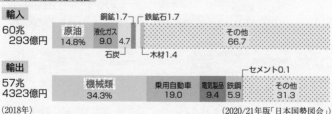

日本の海上輸送貨物の割合

輸入
60兆293億円
- 原油 14.8%
- 液化ガス 9.0
- 石炭 4.7
- 銅鉱 1.7
- 鉄鉱石 1.7
- 木材 1.4
- その他 66.7

輸出
57兆4323億円
- 機械類 34.3%
- 乗用自動車 19.0
- 電気製品 9.4
- 鉄鋼 5.9
- セメント 0.1
- その他 31.3

(2018年)

(2020/21年版「日本国勢図会」)

❷航空輸送では，IC(集積回路)や貴金属などの**軽量・小型で高価**なものや，新鮮さを保つことが必要な食料品などを運ぶ→**輸送時間は早い**が，大量には運ぶことができず，**輸送費は高い**。

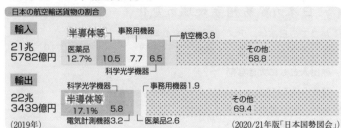

日本の航空輸送貨物の割合

輸入
21兆5782億円

| 医薬品12.7% | 半導体等10.5 | 7.7 | 事務用機器6.5 | 航空機3.8 | その他58.8 |

科学光学機器

輸出
22兆3439億円

| 半導体等17.1% | 科学光学機器5.8 | 電気計測機器3.2 | 医薬品2.6 | 事務用機器1.9 | その他69.4 |

(2019年) (2020/21年版「日本国勢図会」)

Check!

海上輸送の貿易額1位の貿易港—名古屋港
航空輸送の貿易額1位の貿易港—成田国際空港(貿易額全国一)

⑤ 日本の国別輸入品 ★★

丸暗記

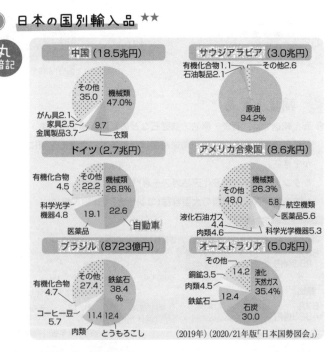

中国 (18.5兆円)
機械類 47.0%
衣類 9.7
金属製品3.7
家具2.5
がん具2.1
その他 35.0

サウジアラビア (3.0兆円)
原油 94.2%
石油製品2.1
有機化合物1.1
その他2.6

ドイツ (2.7兆円)
機械類 26.8%
自動車 22.6
医薬品 19.1
科学光学機器4.8
有機化合物4.5
その他 22.2

アメリカ合衆国 (8.6兆円)
機械類 26.3%
航空機類5.8
医薬品5.6
科学光学機器5.3
肉類4.6
液化石油ガス4.4
その他 48.0

ブラジル (8723億円)
鉄鉱石 38.4%
とうもろこし 12.4
肉類 11.4
コーヒー豆5.7
有機化合物4.7
その他 27.4

オーストラリア (5.0兆円)
液化天然ガス 35.4%
石炭 30.0
鉄鉱石 12.4
肉類4.5
銅鉱3.5
その他 14.2

(2019年) (2020/21年版「日本国勢図会」)

⑥ 日本国内の交通網の整備 ★★

❶ 交通網の整備により，約50年間に，貨物輸送は約2.2倍，旅客輸送は約3.8倍に増加。

❷ **高速交通網**の発達により，目的地までの時間距離が短縮。

● **新幹線**…1964年の**東海道新幹線**の開通以降，各地で整備が進む。

● **高速道路**…インターチェンジにはトラックターミナルが建設されている。

● **空港**…地方空港が次々開港。格安航空会社(LCC)も誕生し，利用者が増加。

日本の国内輸送の割合の変化

貨物輸送
(1965年=1863億トンキロ
2017年=4162億トンキロ)

1965年
内航海運 43.3
鉄道 30.7%
自動車 26.0
航空0.3
鉄道

2017年
内航海運 43.5
自動車 51.1
鉄道 5.2%
航空0.3

旅客輸送
(1965年= 3825億人キロ
2017年=1兆4401億人キロ)

1965年
旅客船 0.9
航空 0.8
自動車 31.6
鉄道 66.8%

2017年
旅客船0.2
航空 6.6
鉄道 30.4%
自動車 62.8

1965年 2017年   1965年 2017年
※合計が100%になるように調整していない。
(2020/21年版「日本国勢図会」など)

日本の高速交通網

— 新幹線
— 高速道路

新千歳 空港
東北 自動車道
新青森
秋田新幹線
山形新幹線
北陸新幹線
中部国際空港
名古屋
新潟
関西 国際空港
金沢
博多
新大阪
九州新幹線
鹿児島中央
新函館北斗
北海道新幹線
東北新幹線
上越新幹線
長野新幹線
成田 国際空港
東京国際空港
(羽田空港)
東名 高速道路
東海道・山陽 新幹線

❸ 旅客輸送は移動距離によって次のように使い分けられている。

● 近距離…鉄道・バス・自動車

● 中距離(300～500km)…新幹線

● 遠距離…航空機

❹ 過疎地域では，電車やバスなどの公共交通機関が廃止になり，移動手段を自動車に頼るところも増えている。

> テストで注意
>
> **Q** 国際線の乗り換え拠点の機能をもつ空港を何というか。
> ↓
> **A** ハブ空港

> 知っておきたい　貨物・旅客輸送ともに，陸上輸送の中心は鉄道から自動車に変化した。

⑦ 情報通信網の発達 ★★

❶ 通信衛星・海底ケーブルなどの整備が進む。

❷ **情報通信技術(ICT)**の進歩→**インターネット**,衛星放送,**携帯電話**が普及。

❸ 情報によって各地の人々を結びつけるしくみが発達→**SNS**(ソーシャルネットワーキングサービス)など。

❹ 先進国と発展途上国との**情報格差**(デジタルデバイド)→通信施設や通信機材の整備に格差がある。

❺ 光ファイバーケーブル網の整備によって,通信速度が高速化→情報のやりとりが盛んになり,情報を中心に社会・経済が発展→**情報社会**。

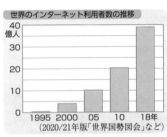

世界のインターネット利用者数の推移

	1995	2000	05	10	18年

(2020/21年版「世界国勢図会」など)

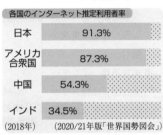

各国のインターネット推定利用者率

日本	91.3%
アメリカ合衆国	87.3%
中国	54.3%
インド	34.5%

(2018年) (2020/21年版「世界国勢図会」)

⑧ 人の交流 ★

近年,中国・韓国などアジアをはじめ,世界各地から日本を訪れる外国人旅行者が増えている→日本にとって**観光**は重要な成長分野→観光立国化。

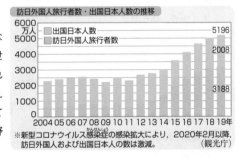

訪日外国人旅行者数・出国日本人数の推移

出国日本人数 / 訪日外国人旅行者数

2004 05 06 07 08 09 10 11 12 13 14 15 16 17 18 19年
5196 / 2008 / 3188

※新型コロナウイルス感染症の感染拡大により,2020年2月以降,訪日外国人および出国日本人の数は激減。 (観光庁)

最重要事項 暗記

貿易先 昔, **米国** 今, **中国**

日本の貿易相手国 / アメリカ合衆国 / 最大の相手国

日本の最大の貿易相手国は中国である(2019年)。

☑ チェックテスト

解答

□❶ 貿易摩擦などの問題を解決するための国際機関を何というか。

□❷ 日本の主な貿易相手地域を次から1つ選べ。
　　㋐ 北アメリカ州　　㋑ アジア州
　　㋒ ヨーロッパ州　　㋓ オセアニア州

□❸ 日本の最大の貿易相手国(2019年)はどこか。

□❹ 輸出額が輸入額を上回ることを何というか。

□❺ 海上輸送の利点を答えよ。

□❻ 航空輸送に適した貨物を次から1つ選べ。
　　㋐ 電子部品　　㋑ 鉄鉱石　　㋒ 原油

□❼ 日本の貿易額全国一の貿易港はどこか。

□❽ 次の①〜③は日本がどこの国から輸入した品の割合を表したものか。下から1つずつ選べ。

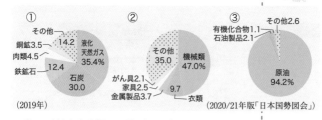

(2019年)　　　　　　　　　　　　　　(2020/21年版「日本国勢図会」)

　　㋐ アメリカ合衆国　　㋑ オーストラリア
　　㋒ 中国　　　　　　　㋓ サウジアラビア

□❾ 日本の国内輸送量は、貨物・旅客ともに、何による輸送が最も多いか。

□❿ 東京―大阪間を結ぶ、日本で最初に開通した新幹線を何というか。

□⓫ 高速道路のインターチェンジ付近などに、同じ業種の中小工場などを計画的に集めた地域を何というか。

□⓬ 各地のコンピュータネットワークを接続した巨大な情報通信網を何というか。

❶ 世界貿易機関(WTO)

❷ イ

❸ 中国

❹ 貿易黒字

❺ (例)安く、大量に輸送できる。

❻ ア

❼ 成田国際空港

❽ ① イ　② ウ　③ エ

❾ 自動車

❿ 東海道新幹線

⓫ 工業団地

⓬ インターネット

図解ファイル❷ 日本の地域区分

7地方区分

- ☐ 北海道地方
- ☐ 東北地方
- ☐ 関東地方
- ☐ 中部地方
- ☐ 近畿地方
- ☐ 中国・四国地方
- ☐ 九州地方

全国を7地方に分ける方法。〔…〕政府にも利用され,最も多く〔…〕いられる。中国・四国地方を〔…〕けて8地方区分とする場合も〔…〕る。中部地方は,日本海側の〔北〕陸地方,内陸部の中央高地,〔近〕畿地方の三重県を含めた太平洋〔…〕側の東海地方に分けられる。〔中〕国・四国地方は,日本海側の〔山〕陰地方,瀬戸内海沿岸の瀬戸内〔…〕地方,太平洋側の南四国地方〔…〕3つに分けられる。また,中〔国〕地方は,中国山地を境としてい〔…〕陰地方と山陽地方に分ける場合〔…〕もある。

❶主な山地・山脈

- ☐ 平野

❷主な水力・火力発電所の位置

- • 水力発電所
- • 火力発電所

(2017年)
(2017年版「電気事業便覧」など)

❷水力発電所は,水が高いところから低いところへと落ちる力を利用して発電しているため,大きな河川のあるところや,ダムをつくることができる内陸部に多く位置している。火力発電所は,石油や石炭を燃やして水を温め,蒸気の力で発電しているため,海外から運ばれる燃料を受け取りやすい臨海部に多く位置している。

●日本の人口密度

- 3000人/km²以上
- 300〜3000人/km²
- 1〜300人/km²
- 1人/km²未満
- 資料なし
- ○ 人口100万人以上の都市

（…5年）
（平成27年「国勢調査報告」）

❹都道府県別の工業出荷額

- 20兆円以上
- 15〜20兆円未満
- 10〜15兆円未満
- 5〜10兆円未満
- 5兆円未満

※北方領土は資料なし。

（2017年）
（2020/21年版「日本国勢図会」）

太平洋ベルト

●都道府県別の高齢者の割合

…5歳以上の人口の割合
- 32%以上
- 30〜32%
- 28〜30%
- 28%未満

（…9年）
（…0/21年版…本国勢図会」）

❻都道府県別の第一次産業就業者数の割合

- 8%以上
- 4〜8%
- 4%未満

（2017年）
（2020年版「データでみる県勢」）

●日本の主な高速交通網

…75年まで…に整備	2016年7月…に整備
── 新幹線 ──	
── 高速道路 ──	

（…土交通省など）

札幌
青森
秋田　八戸
　　　盛岡
新潟　新庄
長野　　仙台
金沢
広島　　　東京
福岡　名古屋
　　大阪
岡山
鹿児島　　那覇

❶関東地方から九州地方北部にかけて平野が広がる地域は、❸人口密度が高く、❹太平洋ベルトに含まれる工業出荷額が多い都府県と重なる。また、❸人口密度が高い地域は、それほど❺高齢者の割合が高くない。❺高齢者の割合が高い地域では、比較的❻第一次産業就業者数の割合が高い。❼1975年までに整備された高速交通網は、❹太平洋ベルトと重なる。
※白抜き数字は図の番号に一致する。

📝 まとめテスト

月　日

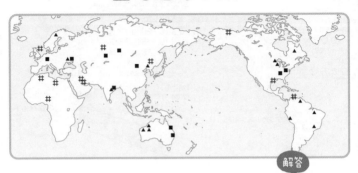

□❶ 地図中の▲で主に産出される資源名を答えよ。また，日本がその資源を最も多く輸入している相手国名を答えよ。

❶ 鉄鉱石，
オーストラリア

□❷ 地図中の■で主に産出される資源名を答えよ。また，日本がその資源を最も多く輸入している相手国名を答えよ。

❷ 石炭，
オーストラリア

□❸ 地図中の♯で主に産出される資源名を答えよ。また，日本がその資源を最も多く輸入している相手国名を答えよ。

❸ 原油，
サウジアラビア

□❹ 右図中の⑦〜①のうち，傾きが最も急なルートを選べ。

❹ ⑦

□❺ 実際の地表の距離を，地図上で縮めた割合のことを何というか。

❺ 縮尺

□❻ 2万5千分の1で表された地図において，ある2点の直線距離が4cmだったとき，実際には何kmか。

❻ 1km

□❼ 日本が属する造山帯を何というか。

❼ 環太平洋造山帯

□❽ 日本列島の太平洋側を流れる寒流を何というか。

❽ 親潮
（千島海流）

□❾ 6月から7月初旬に，北海道を除く地方で見られる雨の季節を何というか。

❾ 梅雨

□❿ 地震によっておきることがある大規模な波を何というか。

❿ 津波

□⓫ 人口が集中したことで，交通や住宅，環境などに問題がおこるようになった状態を何というか。

⓫ 過密（化）

□⑫ 人口の流出により産業が衰えて，社会生活の維持が困難になった地域を何というか。　⑫ 過疎地域

□⑬ 子どもが少なく高齢者が多い，現在の日本のような人口構成の社会を何というか。　⑬ 少子高齢社会

□⑭ 太陽光・風力・地熱などの自然界に存在するエネルギーなどの総称を何というか。　⑭ 再生可能エネルギー

□⑮ 長野県などで行われている農業で，涼しい気候を利用して，レタスやキャベツなどを季節より遅らせて栽培することを何というか。　⑮ 抑制栽培

□⑯ 扇状地で栽培されている，山梨県が生産量日本一の果樹を2つ答えよ。　⑯ もも，ぶどう

□⑰ 右のグラフは日本の漁業種類別生産量の移り変わりを表している。A・Bにあてはまる漁業を次から1つずつ選べ。

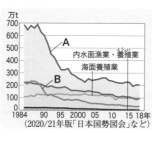
（2020/21年版「日本国勢図会」など）

⑰ Aア Bウ

　⑦ 沖合漁業　　⑦ 沿岸漁業　　⑦ 遠洋漁業

□⑱ 中京工業地帯と京浜工業地帯の間に位置する工業地域を何というか。　⑱ 東海工業地域

□⑲ サービス業に従事している人々は，次のどの産業人口にあてはまるか。　⑲ ウ

　⑦ 第一次産業　　⑦ 第二次産業　　⑦ 第三次産業

□⑳ 日本がそれまでの貿易黒字から貿易赤字に転落するきっかけとなった，2011年におこった自然災害を何というか。　⑳ 東日本大震災

□㉑ 人が長距離(500km以上)を移動するときに選ぶ割合が最も高い輸送機関は何か。　㉑ 航空機

□㉒ 陸上輸送の中心となっている交通機関は何か。　㉒ 自動車

19. 九州地方

図解チェック

① 九州地方の自然 ★★

❶ 山地…北部に**筑紫山地**，中央に**九州山地**がある。

❷ 火山…世界最大級の**カルデラ**をもつ**阿蘇山**などの活火山が多い。

▲阿蘇山とカルデラ

● **別府温泉**などの温泉地は重要な観光資源。

● 地熱を利用して**地熱発電**が行われている。

九州地方の自然

● 県庁所在地
⊂⊃ リアス海岸
▨ シラス台地
➡ 暖流
● 地熱発電

0　　　100km

筑紫山地　対馬　国東半島
福岡県　福岡　大分平野　大分
佐賀県　佐賀　大分県
五島列島　熊本県　熊本　阿蘇山　九州山地
対馬海流　長崎県　長崎　宮崎県　宮崎平野
筑紫平野　宮崎　大淀川
雲仙岳　鹿児島県　霧島山
東シナ海　八代平野　鹿児島
球磨川　薩摩半島　御岳（桜島）
沖縄県　大隅半島　太平洋
那覇　屋久島（世界自然遺産）　種子島
黒潮　日本海流

❸ 川と下流の平野
● 筑後川―**筑紫平野**
● 大淀川―**宮崎平野**
● 球磨川―八代平野

❹ 台地…南部に火山の噴出物が積もってできた**シラス台地**が広がる。

❺ 気候…暖流の**黒潮（日本海流）**と対馬**海流**の影響で比較的温暖。

❻ 沖縄県…**南西諸島の気候**。1年を通じて気温が高く，台風の影響を受けやすいので雨が多い。

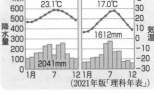

那覇　23.1℃　福岡　17.0℃
mm　降水量　℃　気温
600　500　400　300　200　100　0
30　20　10　0　-10　-20　-30
2041mm　1612mm
1月　7　12　1月　7　12
（2021年版「理科年表」）

● かつては**琉球王国**という独立国→**首里城**などが**世界文化遺産**に登録。

● さんご礁などの豊かな自然環境を生かした産業→**観光業**が盛ん。

● **アメリカ軍基地**→沖縄県の基地面積は日本全体の約**70%**を占める。

知っておきたい　沖縄県を含む南西諸島の気候は**亜熱帯**とも呼ばれる。

② 九州地方の農業・漁業 ★★★

❶ 北部…米の産地。
- **筑紫平野**…稲作地帯。裏作としてほかの作物を栽培する二毛作も盛ん。
- **有明海**…のりの養殖。

❷ 南部…野菜の栽培と畜産。
- **シラス台地**…肉牛・豚・にわとりを飼育する**畜産**。**笠野原**では，野菜・茶の栽培が盛ん。
- **宮崎平野**…温暖な気候を生かした**園芸農業**できゅうりやなす，ピーマンなどの野菜の栽培が盛ん。
- **八代平野**…たたみ表の原料となるい草の生産量が日本一。

❸ 沖縄県…畑作中心→さとうきび，パイナップルの栽培。近年，**電照菊**などの花や野菜の栽培も増加している。

九州地方の農業・漁業

有明海（のりの養殖）
長崎港（あじ，さば）
八代平野（い草）
シラス台地（畜産，さつまいも，茶）
（パイナップル）
（電照菊，さとうきび）
筑紫平野（米，小麦，いちご，なす）
宮崎平野（きゅうり，ピーマン）
笠野原（さつまいも，野菜，茶）
0　100km

テストで注意

Q 宮崎平野で行われている，出荷時期を早める野菜の栽培方法を何というか。 →→→ **A** 促成栽培

家畜の都道府県別飼育頭数・羽数の割合

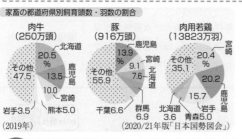

肉牛（250万頭）
北海道 20.5%
鹿児島 13.5
宮崎 10.0
熊本 5.0
岩手 3.5
その他 47.5
（2019年）

豚（916万頭）
鹿児島 13.9%
宮崎 9.1
北海道 7.6
千葉 6.6
群馬 6.9
その他 55.9

肉用若鶏（13823万羽）
宮崎 20.4%
鹿児島 20.2
岩手 15.7
青森 5.0
北海道 3.6
その他 35.1
（2020/21年版「日本国勢図会」）

沖縄県の土地利用

0　20km

■住宅地など　□森林・その他
■農地　○アメリカ軍用地

丸暗記

筑紫平野は → 稲作・二毛作
シラス台地は → 畑作・畜産
宮崎平野は → 野菜の促成栽培

part 1 世界と日本のすがた

part 2 世界のさまざまな地域

part 3 地域調査，日本の地域的特色

part 4 日本の諸地域

③ 九州地方の工業と環境への取り組み ★★

❶ 北九州工業地域

- 官営の八幡製鉄所の建設→鉄鋼業が発達した。
- エネルギー源が石炭から石油へ（**エネルギー革命**）→地位が低下した。

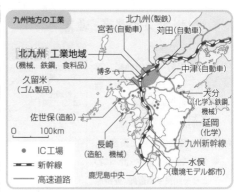

九州地方の工業

- 北九州（製鉄）
- 宮若（自動車）
- 苅田（自動車）
- 中津（自動車）

北九州 工業地域
（機械，鉄鋼，食料品）

- 博多
- 久留米（ゴム製品）
- 佐世保（造船）
- 大分（化学・鉄鋼，機械）
- 延岡（化学）
- 長崎（造船，機械）
- 水俣（環境モデル都市）
- 鹿児島中央
- 九州新幹線

0　　100km

- ● IC工場
- ─╫─ 新幹線
- ── 高速道路

❷ 変化する工業

- IC（集積回路）工場が1970年代に急増→電子部品工業が発達し，**シリコンアイランド**と呼ばれた。
- 現在は，**自動車関連工場**が進出→**機械工業**中心へ。

北九州工業地域の工業出荷額割合の変化

1965年 8840億円	金属 36.5%	機械 9.9	化学 18.8	食料品 14.9	その他 19.9
2017年 9兆8040億円	16.3%	46.6	5.6	16.9	14.6

0%　　　　　　　　　50　　　　　　　　　100
（2020/21年版「日本国勢図会」など）

❸ 公害の発生と環境対策

- 水俣市…四大公害病の水俣病が発生→環境改善。
- 北九州市…1960年代に大気汚染や水質汚濁が深刻化→環境改善。臨海部には，廃棄物をリサイクルする工場を集めた**エコタウン**が形成されている。

｝**環境モデル都市**

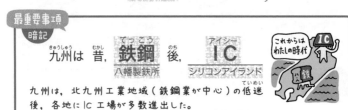

最重要事項 暗記

九州は 昔，**鉄鋼** 後，**IC**
（八幡製鉄所）　（シリコンアイランド）

これからはわたしの時代 IC

九州は，北九州工業地域（鉄鋼業が中心）の低迷後，各地にIC工場が多数進出した。

☑ チェックテスト

解答

□❶ 地図中の@の地方中枢都市の名を答えよ。

❶ 福岡市

□❷ 地図中の⑥の世界最大級のカルデラをもつ火山名を答えよ。

❷ 阿蘇山

□❸ 地図中の©の山地名を答えよ。

❸ 九州山地

□❹ 地図中の@の平野名を答えよ。

❹ 筑紫平野

□❺ 地図中の@の平野で盛んな，野菜などの出荷時期を早める栽培方法を何というか。

❺ 促成栽培

□❻ 地図中の①の海の名を答えよ。また，この海で養殖が盛んな水産物は何か答えよ。

❻ 有明海，のり

□❼ 地図中の⌒⌒に見られる，複雑な地形の海岸を何というか。

❼ リアス海岸

□❽ 宮崎県南部や鹿児島県に広がる，火山の噴出物が積もってできた台地を何というか。

❽ シラス台地

□❾ 沖縄県で盛んな，光をあてて開花時期を遅らせる方法で栽培する菊のことを何というか。

❾ 電照菊

□❿ 地図中の⑨の工業地域名を答えよ。また，この工業地域が発達するもとになった官営の工場を何というか。

❿ 北九州工業地域，八幡製鉄所

□⓫ 現在，地図中の⑨の工業地域で工業出荷額が最も多い工業を次から1つ選べ。

⑦ 金属　　⑦ 食料品　　⑦ 機械　　⑦ 化学

⓫ ウ

□⓬ 熊本県で発生した，メチル水銀が原因でおきた公害病を何というか。

⓬ 水俣病

□⓭ 北九州市につくられた，リサイクル工場を集めた地区を何というか。

⓭ エコタウン

20. 中国・四国地方

📎 図解チェック

1 中国・四国地方の自然 ★★

❶ 山地
- **中国山地**…比較的なだらか。
- **四国山地**…南部は険しい。

❷ 川…**吉野川**や**四万十川**。四万十川は四国で最も長い川で、清流として有名。

❸ 平野
- **讃岐平野**…干害に備えるためのため池が多い。
- **高知平野**…野菜栽培が盛ん。

❹ 台地…**秋吉台**（カルスト地形）。

❺ 海岸
- **鳥取砂丘**—砂浜海岸
- 四国地方西部—**リアス海岸**

❻ 気候…**山陰、瀬戸内、南四国**の3地域で異なる特徴の気候。

- **山陰**…**日本海側の気候**。北西の季節風の影響で冬に雨や雪が多い。
- **瀬戸内**…**瀬戸内の気候**。冬の季節風が中国山地に、夏の季節風が四国山地にさえぎられるため、1年を通じて雨が少なく温暖。
- **南四国**…**太平洋側の気候**。南東の季節風の影響で夏に雨が多い。

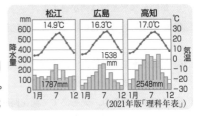

中国・四国地方の自然

松江　広島　高知

（2021年版「理科年表」）

2 中国・四国地方の人口の分布 ★★★

❶ 過密地域…瀬戸内海沿岸に人口が集中している。**広島市**は**地方中枢都市**であり、**政令指定都市**でもある。過密化の問題を解消するために、中心部の**再開発**などが進められている。

❷ 過疎地域…山間部や離島では、少子高齢化の進行に伴う**限界集落**（65歳以上の人口が過半数を占める集落）が増えている。

part
1
世界と日本のすがた

part
2
世界のさまざまな地域

part
3
地域調査・日本の地域的特色

part
4
日本の諸地域

③ 中国・四国地方の農業・漁業 ★★

❶ 山陰地方

● 果樹栽培…**鳥取県→日本なし**，鳥取砂丘→らっきょうやメロンの栽培。

● 漁業…鳥取県の**境港**→日本海側で有数の水あげ量。

❷ 瀬戸内地方

● 果樹栽培…岡山県—**ぶどう**やもも，愛媛県—**みかん**。

● 漁業…広島湾のかき，愛媛県の**真珠**やまだいの**養殖業**など。

❸ 南四国…**高知平野**で出荷時期を早める野菜の**促成栽培**が盛ん。

中国・四国地方の農業・漁業

境港（かに）
宍道湖（しじみ）
鳥取県（日本なし，らっきょう，メロン）
大山
広島湾（かきの養殖）
小豆島（オリーブ）
岡山平野（ぶどう）
讃岐平野（香川用水やため池）を利用した農業
高知平野（野菜の促成栽培）
リアス海岸（真珠やまだいの養殖）
（みかんの栽培）
0　　100km

Check!
果樹栽培は，
鳥取県→日本なし
岡山県→ぶどう
愛媛県→みかん

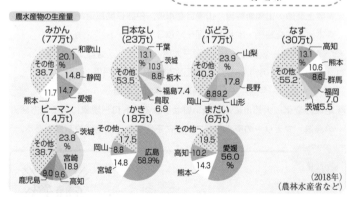

農水産物の生産量

みかん（77万t）
和歌山 20.1%
その他 38.7
静岡 14.8
愛媛 14.7
熊本 11.7

日本なし（23万t）
千葉 13.1%
茨城 10.3
その他 53.5
栃木 8.8
福島 7.4
鳥取 6.9

ぶどう（17万t）
山梨 23.9%
その他 40.3
長野 17.8
岡山 8.8
山形 9.2

なす（30万t）
高知 13.1%
その他 55.2
熊本 10.6
群馬 8.6
福岡 7.0
茨城 5.5

ピーマン（14万t）
茨城 23.8%
その他 38.7
宮崎 18.9
鹿児島 9.0
高知 9.6

かき（18万t）
その他 17.5
岡山 8.8
広島 58.9%
宮城 14.8

まだい（6万t）
その他 19.5
愛媛 56.0%
高知 10.2
熊本 14.3

（2018年）（農林水産省など）

テストで注意

Q みかんの生産が盛んな，中国・四国地方の県はどこか。 → → → **A** 愛媛県

④ 中国・四国地方の工業 ★★

❶ 主な工業地域…**瀬戸内工業地域**が1960〜70年代にかけて発達→原料や製品を輸出入するうえで**海上交通の便が**よいため，**化学工業**の占める割合が大きいのが特徴である。

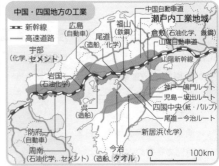

中国・四国地方の工業

■■新幹線 ー高速道路

中国自動車道
瀬戸内工業地域
広島（自動車）
福山（鉄鋼）
尾道（造船，化学）
倉敷（石油化学，鉄鋼）
山陽自動車道
宇部（化学，セメント）
山陽新幹線
岩国（石油化学）
呉（造船）
神戸―鳴門ルート
児島―坂出ルート
四国中央（紙・パルプ）
尾道―今治ルート
新居浜（化学）
防府（自動車）
周南（石油化学，セメント）
今治（造船，タオル）

0　　　100km

❷ 主な工業都市
- ● 倉敷市・周南市・岩国市—**石油化学工業**
- ● 倉敷市・福山市—**鉄鋼業**　● 広島市—**自動車工業**

瀬戸内工業地域の工業出荷額の割合

金属 18.6%	機械 35.2	化学 21.9	食料品 8.1	繊維2.1┐ その他 14.1	計30.7 兆円

(2017年)　　　　　　　　　　　　　　　　　　　（2020/21年版「日本国勢図会」）

⑤ 中国・四国地方の交通の発達と地域の変化 ★★★

❶ 交通網の発達

- ● 陸上交通…**山陽新幹線**，山陽自動車道，中国自動車道が通る。
- ● 本州四国連絡橋…本州と四国を結ぶ3つのルート。

丸暗記
- 児島—坂出ルート → **瀬戸大橋**
- 神戸—鳴門ルート → **明石海峡大橋**，大鳴門橋
- 尾道—今治ルート → **瀬戸内しまなみ海道**

瀬戸内海を越えて通勤・通学する人が増えたよ。

❷ 地域の変化…大都市に人が吸い寄せられる**ストロー現象**による地方経済の衰退，フェリーの廃止などで，逆に不便になった地域や離島もある。

最重要事項 暗記

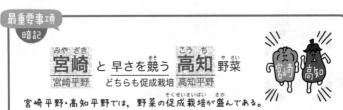

宮崎と 早さを競う **高知** 野菜
宮崎平野　どちらも促成栽培　高知平野

宮崎平野・高知平野では，野菜の促成栽培が盛んである。

☑ チェックテスト

part
1
世界と日本の
すがた

part
2
世界の
さまざまな地域

part
3
地域調査，日本の
地域的特色

part
4
日本の
諸地域

解答

□❶ 地図中の@・⑥の山地名を答えよ。

❶ @中国山地
⑥四国山地

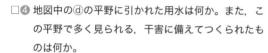

□❷ 地図中の©の河川名を答えよ。

❷ 吉野川

□❸ 地図中の@の平野名を答えよ。

❸ 讃岐平野

□❹ 地図中の@の平野に引かれた用水は何か。また，この平野で多く見られる，干害に備えてつくられたものは何か。

❹ 香川用水，ため池

□❺ 地図中の@の平野名を答えよ。また，この平野で栽培が盛んな野菜を次から1つ選べ。
⑦ はくさい ⑦ キャベツ ⑨ なす ⓔ レタス

❺ 高知平野，ウ

□❻ 中国・四国地方でみかんの生産が日本有数である県名を答えよ。

❻ 愛媛県

□❼ 地図中の①の湾で盛んに養殖されている水産物は何か。

❼ かき

□❽ 地図中の A は，地方中枢都市で，平和記念都市としても知られる。A の都市名を答えよ。

❽ 広島市

□❾ 倉敷市や周南市に見られる大規模な工場群を何というか。

❾ コンビナート

□❿ 福山市で盛んな工業を次から1つ選べ。
⑦ 鉄鋼 ⑦ 化学 ⑨ 自動車 ⓔ 繊維

❿ ア

□⓫ 地図中の⑨の本州四国連絡橋のルートにかかっている橋の名を答えよ。

⓫ 瀬戸大橋

□⓬ 地図中の@(中国地方の内陸部)を通り，京阪神と北九州を結ぶ高速道路の名を答えよ。

⓬ 中国自動車道

□⓭ 新大阪と博多を結ぶ新幹線の名を答えよ。

⓭ 山陽新幹線

記述 □⓮ 瀬戸内地方で1年を通じて降水量が少ない理由を簡潔に答えよ。

⓮ (例)中国山地と四国山地が季節風をさえぎるため。

21. 近畿地方

📎 図解チェック

① 近畿地方の自然 ★★

❶ 山地…**紀伊半島**南部に険しい**紀伊山地**がある。

❷ 湖…**琵琶湖**は京阪神で生活する人々に，飲料水や工業用水を供給→**水質汚濁**が問題。

❸ 海岸…**若狭湾**，**志摩**半島→**リアス海岸**。

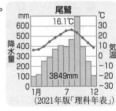

近畿地方の自然

丹後半島　琵琶湖　伊吹山地　鈴鹿山脈　若狭湾　日本海　京都府　滋賀県　丹波高地　京都・大津　淀川　播磨平野　兵庫県　大阪　津　伊勢湾　神戸・奈良　大阪平野　大阪府　奈良県　三重県　淡路島　紀ノ川　和歌山・熊野川　志摩半島　和歌山県　紀伊山地　潮岬　太平洋

0　100km

● 府県庁所在地
⟋ リアス海岸

❹ 気候…北部，中部，南部で異なる特徴の気候。

● 北部…日本海側の気候で，冬に雨や雪が多い。

● 中部…降水量が少なく，**盆地**では夏と冬の気温差が大きい。

● 南部…太平洋側の気候で，夏に雨が多い。国内で最も降水量が多い地域(三重県尾鷲市，大台ケ原)がある。

尾鷲

16.1℃　3849mm

(2021年版「理科年表」)

知っておきたい　琵琶湖は日本最大の湖。琵琶湖から流れる川は，**瀬田川→宇治川→淀川**と名前が変わる。

② 近畿地方の歴史と人口分布 ★★

❶ 古い歴史…**平城京**や平安京の造営→古代から日本の政治・文化の中心地。

● 世界文化遺産・文化財…京都府・奈良県に多い。

● 景観の保全…京都市では，条例により建物の高さなどを制限している。

❷ 人口分布…中部に人口が集中している。

● 京阪神大都市圏(大阪大都市圏)…京都，大阪，神戸を中心に過密化。

● 北部・南部…山地が多く，過疎化が進む。

❸ 震災…1995年に阪神・淡路大震災→南海トラフ地震への対策が進む。

❹ **大阪市**…西日本最大の都市。
● 江戸時代には，全国から物資が集められ，「天下の台所」と呼ばれた。
● 古くから卸売業が発達し，現在も商業の中心となっている。

 丸暗記　大阪市は ➡ かつては「天下の台所」。商業の中心は卸売業。

③ 近畿地方の農業・林業・漁業 ★★

❶ 農業
● **近郊農業**…野菜や花の栽培→**淡路島**のたまねぎ，賀茂なすなどの京野菜。
● 果樹…**和歌山県**でみかん，うめ，かきの栽培が盛ん。

❷ 林業…**紀伊山地**で盛ん→吉野すぎ，尾鷲ひのきが有名。

❸ 漁業…志摩半島の**英虞湾**で，真珠の養殖が盛ん。

近畿地方の農業・林業・漁業

- 琵琶湖（あゆ，ふな）
- （但馬地方の肉用牛の放牧）
- 伊勢平野（米）
- （宇治の茶）
- 播磨平野（米）
- 近江盆地
- （かきの栽培）
- 淡路島（たまねぎ）
- 英虞湾（真珠の養殖）
- 紀ノ川
- （みかんの栽培）
- 紀伊山地（吉野すぎ，尾鷲ひのき）
- （うめの栽培）
- 勝浦港（遠洋漁業基地）
- 0　100km

果物の生産が盛んな和歌山県

みかん（77万t）
- その他 38.7
- 和歌山 20.1%
- 静岡 14.8
- 愛媛 14.7
- 熊本 11.7

かき（21万t）
- その他 46.8
- 和歌山 18.8%
- 奈良 13.6
- 7.6
- 福岡 6.7
- 岐阜 6.5
- 愛知

うめ（11万t）
- その他 27.9
- 和歌山 65.1%
- 三重 1.9
- 群馬 5.1

（2018年）　　　　　　（農林水産省）

👉 **テストで注意**

Q 大阪などの大都市向けに野菜や果物を栽培する園芸農業を何というか。 ➡➡➡ **A** 近郊農業

④ 近畿地方の工業 ★★★

● 工業地帯…**大阪，神戸**を中心に**阪神工業地帯**が広がる。

近畿地方の工業

- ━ 新幹線
- ━ 高速道路

京都（食料品，機械）
草津（電気機械）
中京工業地帯
四日市（石油化学）
東海道・山陽新幹線
大阪（金属，化学）
加古川（鉄鋼）
鈴鹿（自動車）
姫路（鉄鋼）
神戸（食料品，機械）
東大阪（金属）
津（電子部品）
堺（石油化学，鉄鋼）
阪神工業地帯
和歌山（鉄鋼，化学）

0　100km

- ● 歴史…戦前は**繊維工業**を中心とした**軽工業**，戦後は**重化学工業**で発展してきたが，近年は伸び悩んでいる。

- ● 特色…**金属工業**の占める割合が高い。また，東大阪市や泉州地域に**中小工場**が多い。

- ● 主な工業都市…**堺市**—石油化学工業や鉄鋼業，**神戸市・京都市**—食料品工業や機械工業，**和歌山市**—鉄鋼業。

❷ 伝統産業…古い歴史をもつ技術を生かした製品がつくられている。

丸暗記
- ● 京都—**西陣織，清水焼，京友禅**
- ● 滋賀—**信楽焼**　堺—**刃物**

伝統的工芸品というんだよ。

阪神工業地帯の工業出荷額割合の変化

	金属	機械	化学	食料品	繊維	その他
1965年 5.0兆円	26.5%	27.3	11.7	10.8	9.7	14.0
2017年 33.1兆円	20.7%	36.9	17.0	11.0	1.3	13.1

0%　　　　　　　50　　　　　　　100

(2020/21年版「日本国勢図会」など)

最重要事項 暗記

琵琶の水 **今日，大阪**へ参ります

琵琶湖　京都・大阪　水を供給する

琵琶湖の水は，滋賀県だけでなく京阪神に大量に送られる。

☑ チェックテスト

英虞湾

A

解答

❶ 紀伊山地

❷ 琵琶湖,
滋賀県

❸ 淀川

❹ 紀ノ川

❺ 淡路島

❻ 明石市

❼ (例)歴史的な
町並みや景観を
保全するため。

❽ 近郊農業

❾ 和歌山県

❿ ア

⓫ 真珠

⓬ イ

⓭ ウ

□❶ 地図中の@の山地名を答えよ。

□❷ 地図中の⑥の湖名を答えよ。また, この湖がある府県名を答えよ。

□❸ 地図中の©が, 大阪湾に注ぐときの河川名を答えよ。

□❹ 地図中の@の河川名を答えよ。

□❺ 地図中の⑥の島名を答えよ。

□❻ 地図中のA(東経135度の経線)が通るBの都市名を答えよ。

記述 □❼ 京都市で建物の高さなどを規制する条例が定められているのはなぜか。

□❽ 近畿地方で盛んな, 大都市向けの野菜や果物, 花を栽培する園芸農業を何というか。

□❾ みかん, うめ, かきの栽培が盛んに行われている近畿地方の県名を答えよ。

□❿ 紀伊半島の吉野地方で有名な木材を次から1つ選べ。
　　ア すぎ　　イ ひのき　　ウ ぶな　　エ まつ

□⓫ 地図中の英虞湾で養殖が盛んな水産物は何か。

□⓬ 阪神工業地帯の説明として正しいものを次から1つ選べ。
　　ア 金属工業の出荷額の割合が50%を超えている。
　　イ 中小工場が多い。
　　ウ 和歌山市では, 石油化学工業が盛んである。

□⓭ 京都の伝統的工芸品を次から1つ選べ。
　　ア 備前焼　　イ 信楽焼　　ウ 西陣織

part **4**

日本の諸地域

22. 中部地方

📎 図解チェック

① 中部地方の自然 ★★

❶ 山地…**日本アルプス**と呼ばれる，次の3つの山脈が連なる。

丸暗記
- **飛驒山脈**
- **木曽山脈**
- **赤石山脈**

❷ 山…**富士山**，**浅間山**，八ケ岳などの火山。

❸ 川と下流の平野
- **信濃川**—**越後平野**
- **木曽川・長良川・揖斐川**—**濃尾平野**→西部には，水害を防ぐために家や田畑を堤防で囲んだ**輪中**が見られる。

中部地方の自然
- 県庁所在地
- ⇆ リアス海岸

0　　100km

日本海　越後平野　新潟　信濃川　阿賀野川　新潟県　越後山脈　能登半島　富山平野　富山　富山県　金沢　石川県　神通川　長野　浅間山　長野県　飛驒山脈　甲府　福井県　福井　岐阜　岐阜県　木曽山脈　赤石山脈　山梨県　**富士山**　若狭湾　濃尾平野（輪中）　名古屋　知多半島　愛知県　静岡　静岡県　富士川　伊豆半島　渥美半島　浜名湖　天竜川　太平洋

❹ 気候…**北陸**，**中央高地**，**東海**の3つの地域で異なる特徴の気候。

- **北陸**…日本海側の気候で，冬は北西の季節風により雪や雨が多い。世界でも有数の豪雪地帯であり，**雪害**にみまわれることもある。夏は乾燥する。

△濃尾平野の輪中

- **中央高地**…夏でも涼しく，降水量は少ない。昼と夜，夏と冬の気温差が大きい。

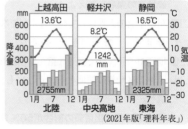

	上越高田	軽井沢	静岡	
mm	13.6℃	8.2℃	16.5℃	℃
600				30
500		1242		20
400		mm		10 気温
降水量 300				0
200				-10
100				-20
0	2755mm		2325mm	-30
	1月 7 12	1月 7 12	1月 7 12	
	北陸	中央高地	東海	

(2021年版「理科年表」)

- **東海**…太平洋側の気候で，夏に降水量が多く，冬は晴れて乾燥する。

知っておきたい　中部地方は，**北陸地方・中央高地・東海地方**の3つに区分される。

② 中部地方の農業・漁業 ★★★

❶ 農業

● 北陸…越後平野などの水田単作地帯で稲作（銘柄米のコシヒカリなど）。

● 中央高地…夏でも涼しい気候を利用した野菜の抑制栽培が盛ん→**レタス，キャベツ，はくさい**などの高原野菜の栽培。

中部地方の農業・漁業
0 100km

越後平野（日本有数の稲作地帯）

砺波平野（チューリップの球根）

富山平野（米）

レタス，キャベツ，はくさいなどの高原野菜

長野盆地

濃尾平野（米，近郊農業）

松本盆地（米，りんご）

甲府盆地（ぶどう，もも）

浜名湖（うなぎの養殖）

野辺山原

焼津港（まぐろ，かつお）

三河湾（うなぎ，のりの養殖）

（みかん）

渥美半島（メロン，電照菊）

牧ノ原・磐田原（茶）

● 東海…施設園芸農業が盛ん→**渥美半島でメロン，電照菊**の栽培。

❷ 工芸作物…静岡県の**牧ノ原**や磐田原で**茶**の栽培が盛ん。

❸ 果樹栽培　● 静岡県…日当たりのよい傾斜地で**みかん**の栽培。

● 山梨県…**甲府盆地**の扇状地で**ぶどう，もも**の栽培。

● 長野県…**長野盆地**の扇状地で**りんご**の栽培。

❹ 漁業…静岡県の**焼津港**は**遠洋漁業**の基地→**まぐろ漁やかつお漁**。

農産物の生産量

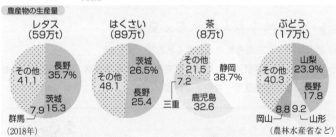

レタス (59万t)	はくさい (89万t)	茶 (8万t)	ぶどう (17万t)
長野 35.7%	茨城 26.5%	静岡 38.7%	山梨 23.9%
その他 41.1	その他 48.1	その他 21.5	その他 40.3
茨城 15.3	長野 25.4	鹿児島 32.6	長野 17.8
群馬 7.9		三重 7.2	岡山 8.8　山形 9.2

（2018年）　　　　　　　　　　　　　　　　（農林水産省など）

抑制栽培
夏でも涼しい気候を利用して出荷時期を遅くする。

くらべる

促成栽培
冬でも暖かい気候を利用して出荷時期を早くする。

③ 中部地方の工業 ★★★

❶ **中京工業地帯**…**自動車工業**を中心とする機械工業の割合が高い。窯業も盛んである。

● **豊田市**―**自動車工業**の中心都市。
● **四日市市**―石油化学工業の中心都市。
● **瀬戸市**―**陶磁器**

中部地方の工業

0   100km

* 原子力発電所
━ 新幹線
━ 高速道路

新潟(食料品)
金沢(絹織物)　燕(洋食器)
北陸新幹線　　三条(金物)
鯖江(眼鏡フレーム)　　小千谷(ちぢみ)
富山(製薬)　長野
東海道新幹線
名古屋(機械)　　上越新幹線
北陸 工業地域
中京 工業地帯　瀬戸(陶磁器)
富士(紙・パルプ)
四日市(石油化学)　　豊田(自動車)　東京
東海　　　　　　　　**東海 工業地域**
刈谷(自動車)　静岡(機械)
浜松(オートバイ、楽器)

❷ 東海工業地域

● **浜松市**―**オートバイ**や楽器の生産　● **富士市**―製紙・パルプ

❸ 北陸工業地域…薬などの化学工業が発達。

● 地場産業…**鯖江市**の眼鏡フレーム，**燕市**の洋食器など。
● 伝統産業…**九谷焼**，小千谷ちぢみ，**輪島塗**など。

❹ 中央高地…諏訪湖周辺では，かつて**養蚕業**が盛ん→戦後，**精密機械工業**が発達→近年は電子部品やプリンターなどの電気機械工業の工場が進出。

中京工業地帯の工業出荷額の割合

食料品┐　┌繊維0.8

金属 9.4%	機械 69.4	化学 6.2	4.7	その他 9.5	計57.8 兆円

(2017年)　　　　　　　　　　　　　　　　(2020/21年版「日本国勢図会」)

④ 中部地方の人口分布と交通 ★

❶ 過密地域…名古屋市を中心とする**名古屋大都市圏**。
❷ 交通網…**東海道新幹線**，**東名高速道路**，**名神高速道路**，中部国際空港(セントレア)。名古屋港→自動車の輸出が多い。

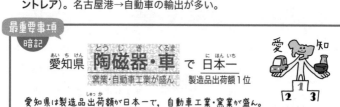

最重要事項 暗記

愛知県 **陶磁器・車** で 日本一

窯業・自動車工業が盛ん　　製品出荷額1位

愛　知

1　2　3

愛知県は製造品出荷額が日本一で，自動車工業・窯業が盛ん。

part
1
世界と日本のすがた

part
2
世界のさまざまな地域

part
3
地域調査、日本の地域的特色

part
4
日本の諸地域

☑ チェックテスト

解答

□❶ 地図中の@・ⓑ・ⓒの山脈をまとめて何というか。

❶ 日本アルプス

□❷ 地図中の@・ⓑ・ⓒの山脈名を答えよ。

❷ @飛騨山脈
　ⓑ木曽山脈
　ⓒ赤石山脈

□❸ 地図中の@の河川名を答えよ。また，その下流に広がる平野名を答えよ。

❸ 信濃川，越後平野

□❹ 地図中の@の湾岸に集中している発電所は何か。

❹ 原子力発電所

□❺ 県庁所在地である地図中のAの都市名を答えよ。また，この都市の北に広がる平野名を答えよ。

❺ 名古屋市，濃尾平野

□❻ 地図中の○の地域で盛んな，夏でも涼しい気候を利用した野菜などの栽培方法を何というか。

❻ 抑制栽培

□❼ ❻で栽培されるレタスなどを何野菜というか。

❼ 高原野菜

□❽ 地図中の@の半島名を答えよ。また，この半島で，照明をあてて栽培している菊を何というか。

❽ 渥美半島，電照菊

□❾ 静岡県が全国有数の生産地となっている工芸作物と果物を答えよ。

❾ 茶，みかん

□❿ ぶどう栽培が盛んな山梨県の盆地名を答えよ。

❿ 甲府盆地

□⓫ 地図中のAの都市を中心とする日本最大の工業地帯を何というか。

⓫ 中京工業地帯

□⓬ ⓫における自動車工業の中心都市名を答えよ。

⓬ 豊田市

□⓭ 静岡県を中心に形成されている工業地域を何というか。

⓭ 東海工業地域

□⓮ ⓭の工業地域で，オートバイや楽器の生産が盛んな都市名を答えよ。

⓮ 浜松市

□⓯ 能登半島の有名な伝統的工芸品は何か。

⓯ 輪島塗

□⓰ 戦後，諏訪湖周辺で発達した工業を次から1つ選べ。

　　㋐ 金属　　㋑ 石油化学　　㋒ 精密機械

⓰ ウ

23. 関東地方

📎 図解チェック

① 関東地方の自然 ★★

❶ 山地…西部に**関東山地**，北西部に**越後山脈**。

❷ 川…**利根川**は**流域面積**が日本最大の河川。

❸ 平野…**関東平野**は日本最大の平野で，火山灰が堆積してできた赤土の**関東ローム**に覆われている。

関東地方の自然

❹ 海岸…房総半島の**九十九里浜**は砂浜海岸。

❺ 気候…大部分が太平洋側の気候。

● 内陸部…夏と冬の気温差が大きく，冬に**からっ風**と呼ばれる北西の季節風が吹く。

● **小笠原諸島**…**亜熱帯**の気候。

▲九十九里浜の海岸

┌───┐
│ **関東ローム**　　　　　　　**シラス台地** │
│ 関東地方に広がる火山　くらべる　九州南部に広がる，火山の │
│ 灰が積もってできた赤土。　　　　噴出物が積もってできた台地。 │
└───┘

知っておきたい　**小笠原諸島**は**世界自然遺産**に登録されている。

② 関東地方の人口分布 ★★★

❶ 東京大都市圏…首都**東京**は政治・経済・文化の中心で，人口の**一極集中**が見られる→総人口のおよそ３分の１が関東地方に集中している。

❷ 昼夜人口…近郊に**ニュータウン**が形成され，人々は都心へ通勤・通学する→都心では**昼間人口**が夜間人口よりも多い。

❸ 都市問題…過密化や，都心部の気温が周辺地域よりも高くなる**ヒートアイランド**現象など→都市の**再開発**が進められている。

得点↑UP！
●人口の一極集中による問題点などをまとめておこう。
●京浜工業地帯，京葉・北関東工業地域の特色をおさえよう。

③ 関東地方の交通網の発達 ★★

❶ 交通…東京を中心に，新幹線・鉄道・高速道路が放射状に広がっている
→**東海道新幹線**，上越新幹線，**東名高速道路**など。

❷ 貿易港 ● **横浜港**…自動車の輸出が多い。
● **成田国際空港**…日本最大の貿易港で **IC（集積回路）** などの輸出が多い。
● **東京国際空港（羽田空港）** …日本国内の航空路線の中心。

Check!
日本最大の貿易港は東京国際空港ではなく成田国際空港。

④ 関東地方の農業 ★★★

❶ **近郊農業**…千葉県・茨城県・群馬県などで，大都市向けの野菜や花の栽培が盛ん。
● **千葉県**—ねぎ，ほうれんそう，だいこん
● **茨城県**—はくさい，ピーマン
● **群馬県**—キャベツ

関東地方の農業
那須野原（乳用牛）／小山（かんぴょう）／沼田盆地（こんにゃくいも，レタス）／真岡（いちご）／嬬恋（野菜の抑制栽培）／鉾田（メロン）／水郷（早場米）／八千代（はくさい）／利根川／♨銚子港（さんま，さば）／近郊農業（ねぎ，ほうれんそうなど）／（日本なし）／八街（らっかせい，すいか，さといも）／房総半島南部（カーネーション）／三浦半島（キャベツ，だいこん）／0 100km

❷ **抑制栽培**…群馬県嬬恋村などで，夏でも涼しい気候を利用した**高原野菜**の栽培が盛ん。高原野菜の**輸送園芸農業**も見られる。

❸ **稲作**…利根川流域の**水郷地帯**で盛ん。

❹ **畜産**…栃木県→乳牛，茨城県・千葉県→鶏卵の飼育が盛ん。

農産物の生産量・家畜の飼育羽数
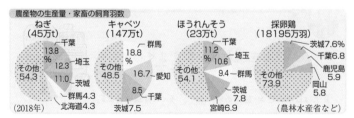
ねぎ（45万t）：千葉13.8%，埼玉12.3，茨城11.0，群馬4.3，北海道4.3，その他54.3
キャベツ（147万t）：群馬18.8%，愛知16.7，千葉8.5，茨城7.5，その他48.5
ほうれんそう（23万t）：千葉11.2%，埼玉10.6，群馬9.4，茨城7.8，宮崎6.9，その他54.1
採卵鶏（18195万羽）：茨城7.6%，千葉6.8，鹿児島5.9，岡山5.8，その他73.9
（2018年）（農林水産省など）

⑤ 関東地方の工業 ★★★

❶ 京浜工業地帯は，機械工業の割合が高く，また首都東京を中心に出版社や新聞社が多いので，印刷業が盛んである。

- 川崎市─鉄鋼，化学
- 横浜市─自動車

❷ 京葉工業地域は，化学工業の割合が高い。

❸ 北関東工業地域は，機械工業の割合が高く，電気機器や自動車の組み立て工場が多い。太田市(自動車)，日立市(電気機械)など。高速道路の整備により，内陸部に工場が進出し，インターチェンジ周辺に工業団地がつくられた。

関東地方の工業

- 東北新幹線
- 宇都宮(食料品)
- 野田(しょうゆ)
- 日立(電気機械)
- 鹿島臨海工業地域(鉄鋼，石油化学)
- 成田国際空港
- 京葉工業地域
- 千葉(食料品，鉄鋼)
- 市原(石油化学)
- 君津(鉄鋼)

北関東工業地域
太田(自動車)
伊勢崎(電気機械)
秩父(セメント)
狭山(自動車)
京浜工業地帯
東京(印刷，機械)
横浜(自動車，機械，化学)
川崎(鉄鋼，化学)
東海道新幹線

━ 新幹線
─ 高速道路

0　100km

丸暗記

京葉工業地域は → 市原市─石油化学工業
　　　　　　　　　 君津市─鉄鋼業

関東地方の工業地帯・工業地域の工業出荷額の割合

	金属	機械	化学	食料品	繊維	その他
京浜工業地帯 39兆7027億円	10.1%	45.5	15.9	12.4	0.5	15.6
京葉工業地域 12兆1895億円	21.5%	13.1	39.9	15.8	0.2	9.5
北関東工業地域 30兆7155億円	13.9%	45.0	9.9	15.5	0.6	15.1

(2017年)　(2020/21年版「日本国勢図会」)

最重要事項
暗記

東京 を 見れば 日本が よくわかる
世界有数の大都市　　　　日本の情報が集中

ここで日本について調べよう
図書館

東京は日本の政治・経済の中心地で，多くの情報が集まる。

✓ チェックテスト

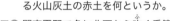

解答

□❶ 地図中の@の山地名を答えよ。

❶ 関東山地

□❷ 地図中の⑥の河川名を答えよ。

❷ 利根川

□❸ 地図中の©の半島名を答えよ。

❸ 房総半島

□❹ 関東平野を覆っている火山灰土の赤土を何というか。

❹ 関東ローム

□❺ 関東平野で冬に北西から吹く季節風を何というか。

❺ からっ風

□❻ エアコンの排熱などが原因で都心の温度が上昇する現象を何というか。

❻ ヒートアイランド現象

□❼ 次にあてはまる空港名を答えよ。
①日本最大の貿易港 ②日本の国内航空路線の中心

❼ ①成田国際空港
②東京国際空港（羽田空港）

□❽ 千葉県・茨城県など大都市周辺で行われている園芸農業を何というか。

❽ 近郊農業

□❾ 群馬県の嬬恋村などで盛んな，夏でも涼しい気候を利用した野菜などの栽培方法を何というか。

❾ 抑制栽培

□❿ 茨城県で栽培が盛んな野菜を次から1つ選べ。
㋐ なす ㋑ だいこん ㋒ はくさい

❿ ウ

□⓫ 地図中のA〜Cにあてはまる工業地帯・地域名を答えよ。

⓫ A 北関東工業地域
B 京浜工業地帯
C 京葉工業地域

□⓬ 印刷業が特に発達している工業地帯・地域はA〜Cのうちどれか。

⓬ B

□⓭ Cで出荷額が最も多い工業を次から1つ選べ。
㋐ 金属 ㋑ 食料品 ㋒ 機械 ㋓ 化学

⓭ エ

□⓮ 次の㋐〜㋕の都市は，A〜Cのどの工業地帯・地域に含まれるか，記号で分けよ。
㋐ 川崎市 ㋑ 君津市 ㋒ 太田市
㋓ 横浜市 ㋔ 市原市 ㋕ 日立市

⓮ A ウ・カ
B ア・エ
C イ・オ

24. 東北地方

📎 図解チェック

1 東北地方の自然 ★★

❶ 山地…東に**北上高地**，中央部に**奥羽山脈**，西に出羽山地がある。**白神山地**は世界自然遺産。

▲白神山地のぶな原生林

東北地方の自然
- 県庁所在地
- ⟳ リアス海岸
- ➡ 暖流
- ➡ 寒流

津軽海峡
下北半島
陸奥湾
津軽半島
津軽平野
青森県
青森
白神山地（世界自然遺産）
米代川
能代平野
男鹿半島
秋田平野
秋田県
秋田
岩手県
盛岡
奥羽山脈
三陸海岸
北上高地
北上盆地
北上川
親潮（千島海流）
日本海
出羽山地
庄内平野
最上川
山形盆地
山形県
山形
宮城県
仙台
仙台平野
会津盆地
福島盆地
福島県
福島
阿武隈高地
阿武隈川
黒潮（日本海流）
太平洋

やませ（夏の北東風）

0　100km

❷ 川と下流の平野
- **最上川**―**庄内平野**
- **北上川**―**仙台平野**

❸ 海岸…太平洋側の**三陸海岸**は入り江の多い**リアス海岸**で，沖合を**親潮（千島海流）**と**黒潮（日本海流）**が流れている。

❹ 気候…全体的に冷涼な気候。
- 太平洋側…夏に**やませ**の影響で気温が下がる→冷害の被害を受けやすい。
- 日本海側…夏は晴れの日が多く，冬は積雪が多い。

秋田は日本海側，宮古・仙台は太平洋側だよ。

テストで注意

Q 夏に太平洋側に吹き，冷害をもたらす冷たい北東風を何というか。
↓
A やませ

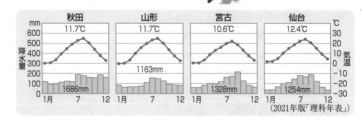

	秋田	山形	宮古	仙台
	11.7℃	11.7℃	10.6℃	12.4℃
	1686mm	1163mm	1328mm	1254mm

mm 600 500 400 300 200 100 0　降水量
℃ 30 20 10 0 -10 -20 -30　気温
1月 7 12
（2021年版「理科年表」）

● 農業では減反政策とやませによる影響，果物の生産地と種類をおさえよう。伝統文化と伝統的工芸品もよく出る。

② 東北地方の農業・漁業 ★★

❶ 農業…稲作が中心で「日本の穀倉地帯」である。

● 稲作…庄内平野，仙台平野，秋田平野など。

● 米の生産調整…消費量が減り米が余る→生産量を減らす減反政策（2018年度に廃止），米以外の作物の栽培に切りかえる転作，休耕，銘柄米の開発。

丸暗記

● 果樹栽培…青森県，山形県，福島県で盛ん。

● 津軽平野―りんご

● 山形盆地―さくらんぼ

● 福島盆地―もも

❷ 漁業…三陸沖の暖流と寒流がぶつかる潮目（潮境）はよい漁場。2011年の東日本大震災による被害→復興が進む。

● 漁港…石巻，八戸，気仙沼などの水あげ量の多い漁港が点在している。

● 養殖業…陸奥湾―ほたて貝
三陸海岸―こんぶ，わかめ，かき
松島湾―かき

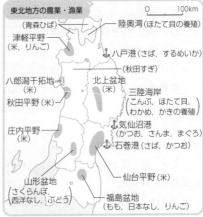

東北地方の農業・漁業

0 100km

- （青森ひば）
- 陸奥湾（ほたて貝の養殖）
- 津軽平野（米，りんご）
- 八戸港（さば，するめいか）
- （秋田すぎ）
- 八郎潟干拓地
- 北上盆地（米）
- 秋田平野（米）
- 三陸海岸（こんぶ，ほたて貝，わかめ，かきの養殖）
- 庄内平野（米）
- 気仙沼港（かつお，さんま，まぐろ）
- 石巻港（さば，かつお）
- 仙台平野（米）
- 山形盆地（さくらんぼ，西洋なし，ぶどう）
- 福島盆地（もも，日本なし，りんご）

米の地方別の生産割合 （2019年）

北海道 7.6
近畿
九州 8.3
東北 28.8％
776万t
中国・四国 9.4
中部 21.6
関東 15.3

（2020/21年版「日本国勢図会」）

▼米の生産量ベスト10位

順位	都道府県	収穫量
1	新潟県	646100
2	北海道	588100
3	秋田県	526800
4	山形県	404400
5	宮城県	376900
6	福島県	368500
7	茨城県	344200
8	栃木県	311400
9	千葉県	289000
10	青森県	282200

（単位 t）　　　（2019年）

果物の生産量

りんご その他（76万t）
その他 16.0
岩手 6.3
長野
青森 58.9％
18.8

さくらんぼ その他（1.8万t）
その他 15.5
山梨 6.0
山形 78.5%

（2018年）　　　（農林水産省）

転作	くらべる	休耕
米以外の作物をつくること。	⟷	田畑の栽培を一時やめること。

③ 東北地方の工業 ★★

❶ 工業・エネルギーの発展

- **東北新幹線，東北自動車道**の整備により，工場が進出。

- 高速道路沿いに**工業団地**がつくられ，**電子部品**や**自動車**の工場が進出。

- 2011年の**福島第一原子力発電所事故**→風力・地熱などの再生可能エネルギーを活用する動きが見られる。

❷ 伝統産業…冬の農業の副業として発達した。さまざまな**伝統的工芸品**がある。

東北地方の工業

- ★ 原子力発電所
- ▬ 新幹線
- ━ 高速道路
- 0　　100km

新函館北斗
北海道新幹線
青函トンネル
新青森
八戸（食料品）
大館（曲げわっぱ）
東北新幹線
秋田新幹線
（南部鉄器）
北上（電子部品）
金ヶ崎（自動車）
鶴岡（電子部品）
（南部鉄器）
新庄
仙台（食料品）
山形新幹線
天童（将棋駒）
福島（機械）
郡山（食料品，化学）
会津若松（金属）
いわき（化学，機械）

- 青森県―**津軽塗** ● 岩手県―**南部鉄器** ● 宮城県―**宮城伝統こけし**
- 秋田県―**大館曲げわっぱ** ● 山形県―**天童将棋駒** ● 福島県―**会津塗**

④ 東北地方の伝統行事と生活・文化 ★★

❶ 祭り…東北各県で行われる**夏祭り**は重要な観光資源。

❷ 年中行事…秋田県の「**男鹿のナマハゲ**」→**重要無形民俗文化財**に指定。ユネスコの**無形文化遺産**に登録。

❸ 仙台市…宮城県の県庁所在地で，人口が100万人を超える東北地方の**地方中枢都市**。

丸暗記

東北三大祭りは

➡ 青森ねぶた祭，仙台七夕まつり，秋田竿燈まつり。

最重要事項
暗記

東北は　**青森りんご**と　あきたこまち
東北の代表的な銘柄米

東北地方は米の生産，青森県はりんごが盛んである。

あきたこまち

☑チェックテスト

解答

□❶ 地図中のⓐの山地，ⓑの山脈名を答えよ。

□❷ 地図中の©の世界自然遺産に登録されている山地名を答えよ。また，この山地に生育している原生林は何か。

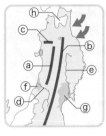

□❸ 地図中のⓓ・ⓔの河川名を答えよ。

□❹ 地図中のⓕ・ⓖの平野名を答えよ。

□❺ 地図中の➡は夏に吹く冷たい北東風である。何というか。

□❻ 稲作が盛んな東北は日本の何地帯と呼ばれるか。

□❼ 米の生産調整で，米以外の作物をつくることを何というか。

□❽ 青森県が全国一の生産地となっている果物は何か。

□❾ さくらんぼの生産が全国一の県名を答えよ。

□❿ 地図中のⓗの湾で養殖が盛んな水産物は何か。

□⓫ 三陸沖で暖流と寒流がぶつかり，よい漁場となっているところを何というか。

□⓬ 2011年に三陸沖でおこった大地震とそれに伴う津波による災害を何というか。

□⓭ 東京駅と新青森駅を結ぶ新幹線を何というか。

□⓮ 岩手県で生産が盛んな伝統的工芸品を次から1つ選べ。
　　㋐ 将棋の駒　　㋑ こけし　　㋒ 南部鉄器

□⓯ 東北三大祭りの1つである青森県の祭りを何というか。

□⓰ 東北地方の地方中枢都市である宮城県の県庁所在地名を答えよ。

❶ ⓐ出羽山地
　ⓑ奥羽山脈

❷ 白神山地，
　ぶな

❸ ⓓ最上川
　ⓔ北上川

❹ ⓕ庄内平野
　ⓖ仙台平野

❺ やませ

❻ 穀倉地帯

❼ 転作

❽ りんご

❾ 山形県

❿ ほたて貝

⓫ 潮目（潮境）

⓬ 東日本大震災

⓭ 東北新幹線

⓮ ウ

⓯ 青森ねぶた祭

⓰ 仙台市

25. 北海道地方

📎 図解チェック

1 北海道の自然 ★★

❶ 山地…中央部に**石狩山地**, 北部に**北見山地**, 南部に日高山脈がある。

❷ 川と下流の平野
- 石狩川―**石狩平野**
- 十勝川―**十勝平野**

❸ 火山…**大雪山**, 有珠山など。摩周湖, 洞爺湖などは**カルデラ湖**。

❹ 台地…東部に**根釧台地**。

❺ 半島…**知床半島**→**世界自然遺産**に登録されている。

❻ 気候…**冷帯(亜寒帯)**に属する。

- 冬の寒さが厳しいが, 夏は涼しい。**梅雨の影響を受けない**のが特色。
- 太平洋岸の**釧路市**などでは, **親潮(千島海流)**の影響で夏に**濃霧**が発生。
- オホーツク海沿岸では冬に流氷が接近する。

丸暗記　北海道の気候は　➡
- 梅雨の影響を受けない
- 太平洋岸では夏に濃霧
- オホーツク海沿岸では流氷

北海道の自然

• 道庁所在地
➡ 寒流

天塩平野
北見山地
北見盆地
オホーツク海
知床
(世界自然遺産)
知床半島
日本海
天塩川
石狩山地
石狩平野
石狩川
渡島半島
札幌
日高山脈
内浦湾
奥尻島
張広山地
十勝平野
(火山灰地)
十勝川
根釧台地
(火山灰地)
親潮
(千島海流)
太平洋
0　　100km

2 北海道の歴史とくらし ★★

❶ 開拓の歴史　●江戸時代までは**蝦夷地**→**アイヌ民族**がくらす土地。
- 明治時代に開拓使が置かれ, **屯田兵**が開拓を進めた。

❷ 領土…北方領土は日本固有の領土であるが, 現在**ロシア連邦**が不法に占拠しており, 日本は返還を要求している。

❸ 人口…地方中枢都市・政令指定都市の**札幌市**への一極集中が進む。

❹ 寒さや雪の対策…二重窓や熱で雪をとかす**ロードヒーティング**。

知っておきたい　北方領土とは, 択捉島, 国後島, 色丹島, 歯舞群島の島々。

得点 UP! ● 稲作・畑作・酪農が盛んな地域、栽培が盛んな農産物をおさえよう。
● 地元の農林水産物を加工する食料品工業、アイヌ民族のくらしも重要。

③ 北海道の農業・漁業 ★★★

❶ 農業

● **石狩平野**…**客土**による**泥炭地**の土地改良で**稲作地帯**となった。

● **十勝平野**…日本有数の**畑作地帯**で、小麦や**てんさい**、じゃがいもを栽培。酪農も行われている。

● **根釧台地**…**酪農**が盛ん→乳牛を飼育しバターやチーズを生産。

北海道の農業・漁業

0　100km

- 稚内（ほっけ，かに）
- サロマ湖（ほたて貝の養殖）
- 北見盆地（じゃがいも，たまねぎ，てんさい）
- 根釧台地（大規模な酪農）
- 石狩湾（さけ，ます）
- 石狩平野（米）
- 根室港（さんま）
- 内浦湾（ほたて貝の養殖）
- 上川盆地（米）
- 十勝平野（大規模な畑作、小麦，じゃがいも，てんさい，豆類）

Check!
稲作は石狩平野
畑作は十勝平野
酪農は根釧台地

❷ 漁業…かつては北洋漁業が盛ん→遠洋漁業から「**育てる漁業**」へと変化。

● **養殖業**…**内浦湾**や**サロマ湖**の**ほたて貝**。

● **栽培漁業**…さけの卵をふ化させて放流し、成長してからとる漁業。

テストで注意

Q 北海道でのみ生産され、砂糖の原料になる農作物は何か。

↓

A てんさい

農産物の生産量・家畜の飼育頭数

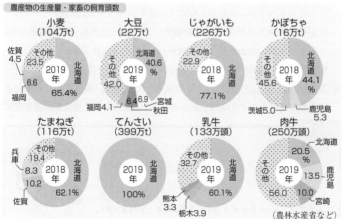

小麦（104万t）
佐賀 4.5
福岡 6.6
その他 23.5%
北海道 65.4%
2019年

大豆（22万t）
北海道 40.6%
その他 42.0
福岡 4.1
宮城 6.4
秋田 6.9
2019年

じゃがいも（226万t）
その他 22.9
北海道 77.1%
2018年

かぼちゃ（16万t）
その他 45.6
北海道 44.1%
茨城 5.0
鹿児島 5.3
2018年

たまねぎ（116万t）
兵庫 19.4
8.3
佐賀 10.2
その他
北海道 62.1%
2018年

てんさい（399万t）
北海道 100%
2019年

乳牛（133万頭）
その他 32.7
北海道 60.1%
熊本 3.3
栃木 3.9
2019年

肉牛（250万頭）
北海道 20.5%
鹿児島 13.5
宮崎 10.0
その他 56.0
2019年

（農林水産省など）

④ 北海道の工業と観光・交通 ★★

❶ **工業**…鉱産資源と結びついて発達したため，工業が盛んな地域が分散している。特に**食料品工業**の割合が高い。

- **食料品工業**…乳製品やビール，水産物の加工品の製造が盛ん →**札幌市**，**帯広市**，**根室市**など。

- **製紙・パルプ工業**
豊かな針葉樹林を生かした工業→**釧路市**，**苫小牧市**など。

- **鉄鋼業**…**室蘭市**で盛ん。

北海道の工業

- ― 高速道路
- ━ 新幹線

0 ━━━ 100km

網走（食料品）
旭川（食料品，紙・パルプ）
札幌（食料品）
室蘭（鉄鋼）
根室（食料品）
新千歳空港
釧路（食料品，紙・パルプ）
新函館北斗
帯広（食料品）
北海道新幹線
函館（食料品，機械，造船）
苫小牧（紙・パルプ，化学，機械）
青函トンネル

北海道の工業出荷額の割合

		紙・パルプ			輸送用機械		
食料品 35.3%	石油・石炭製品 14.8	6.4	鉄鋼 5.9	5.8	その他 31.8		計6.2 兆円

(2017年)　　　　　　　　　　　　　　　　　　　　（2020/21年版「日本国勢図会」）

❷ **観光業**…豊かな観光資源を生かした産業。

- **観光資源**…**知床**，**流氷**などの自然。6つの**国立公園**。「**さっぽろ雪まつり**」などのイベント。洞爺湖・有珠山は世界ジオパークに認定。

- **自然・歴史・文化を生かした観光**…**エコツーリズム**→**釧路湿原**（日本最大の湿原。**ラムサール条約登録地**），知床五湖周辺など。

- **農村地帯の観光**…**グリーンツーリズム**。**富良野**，**美瑛**など。

❸ **交通網の整備**…**新千歳空港**は北海道の空の玄関口。東京と結ばれている国内航空路線の中で利用旅客数が最も多い。2016年に**北海道新幹線**が開業。

最重要事項暗記

アイヌの地　今は日本の **食料庫**

先住民族はアイヌ民族　　多くの農畜水産物を生産

アイヌ語由来の地名が多いよ　ワッカ ナイ

北海道は，多くの農畜水産物を生産する日本の食料庫である。

✅ チェックテスト

解答

□❶ 地図中の@の山地名、ⓑの山脈名を答えよ。

□❷ 地図中のⓒ・ⓓの平野名を答えよ。

□❸ 地図中のⓒの平野で行われた土地改良を何というか。

□❹ 地図中のⓔの台地名を答えよ。また、この台地で特に盛んな農業を次から1つ選べ。
　　⑦ 稲作　　⑦ 酪農　　⑦ 畑作　　⑤ 果樹

□❺ 地図中のⓕの半島名を答えよ。

□❻ 北海道の先住民族を何というか。

□❼ 地図中のⓖの島を含む、現在ロシア連邦が不法に占拠している島々を何というか。

□❽ ❼のうち、日本の北端となる島名を答えよ。

□❾ 地図中の道庁所在地Aの都市名を答えよ。

□❿ 地図中のBの都市名を答えよ。また、この都市で盛んな工業は何か答えよ。

□⓫ 地図中のⓓの平野などで栽培されている、砂糖の原料となる農産物は何か。

□⓬ サロマ湖で養殖が盛んな水産物は何か。

□⓭ 育てた稚魚を放流し、成長した後にとる漁業を何というか。

□⓮ 次のグラフは北海道の工業出荷額の割合を示している。グラフ中のXにあてはまる工業名を答えよ。

紙・パルプ	鉄鋼	輸送用機械	
X 35.3%	14.8	6.4 5.9 5.8	その他31.8

(2017年) 石油・石炭製品┘　(2020/21年版「日本国勢図会」)

□⓯ 北海道の空の玄関と呼ばれる空港名を答えよ。

❶ @北見山地
　　ⓑ日高山脈

❷ ⓒ石狩平野
　　ⓓ十勝平野

❸ 客土

❹ 根釧台地、イ

❺ 知床半島

❻ アイヌ民族

❼ 北方領土

❽ 択捉島

❾ 札幌市

❿ 室蘭市、鉄鋼業

⓫ てんさい

⓬ ほたて貝

⓭ 栽培漁業

⓮ 食料品工業

⓯ 新千歳空港

図解ファイル ③ 日本の主な産業

工業地帯・工業地域の工業出荷額の構成

	重化学工業			軽工業	
	金属10.1% 機械45.5	化学	食料品 15.9	繊維0.5	その他
京浜工業地帯	金属10.1% 機械45.5	9.4%	15.9	12.4 繊維0.5	15.6 0.8
中京工業地帯	69.4			6.2 4.7	9.5
阪神工業地帯	20.7% 36.9		17.0	11.0 1.3	13.1
北九州工業地帯	16.3% 46.6		5.6	16.9	14.1 0.5
北関東工業地域	13.9% 45.0		9.9	15.5 0.6	15.1
瀬戸内工業地域	18.6% 35.2		21.9	8.1 2.1	14.1
東海工業地域	7.8% 51.7		11.0	13.7	15.1 0.7
京葉工業地域	21.5% 13.1		39.9	15.8 0.2	9.5

(2017年) (2020/21年版「日本国勢図会」)

工業出荷額ベスト10位

順位	都道府県	出荷額
1	愛知県	472303
2	神奈川県	180845
3	大阪府	173490
4	静岡県	169119
5	兵庫県	157988
6	埼玉県	137066
7	茨城県	123377
8	千葉県	121895
9	三重県	105552
10	広島県	101047

(単位：億円) (2017年)
(2020/21年版「日本国勢図会」)

北九州工業地域

北陸工業地域

倉敷
(石油化学, 鉄鋼)

瀬戸内 工業地域

富山
(製薬)

広島湾
(かきの養殖)

(木曽ひのき)

佐世保
(造船)

阪神 工業地帯

筑紫平野
(米)

堺
(石油化学, 鉄鋼)

高知 平野
(野菜の促成栽培)

豊田
(自動車)

四日市
(石油化学)

宮崎 平野
(野菜の促成栽培)

中京 工業地帯

東海工業地域

シラス 台地
(畜産, さつまいも, 茶)

(パイナップル, さとうきび)

根釧台地の酪農

十勝平野
（小麦，じゃがいも，
てんさい，豆類）

石狩平野
（米）

根釧台地
（酪農）

（ほたて貝の養殖）

津軽平野
（りんご）

（青森ひば）

越後平野
（米）

（秋田すぎ）

山形盆地
（さくらんぼ）

（高原野菜，抑制栽培）

北関東工業地域

鹿島臨海工業地域

市原
（石油化学）

京葉工業地域

川崎
（鉄鋼，化学）

京浜工業地帯

甲府盆地
（ぶどう，もも）

農業産出額ベスト10位

順位	都道府県	産出額
1	北海道	12593
2	鹿児島県	4863
3	茨城県	4508
4	千葉県	4259
5	宮崎県	3429
6	熊本県	3406
7	青森県	3222
8	愛知県	3115
9	栃木県	2871
10	岩手県	2727

（単位：億円）　　　（2018年）
（2020/21年版「日本国勢図会」）

漁獲量ベスト10位

順位	都道府県	漁獲量
1	北海道	8292
2	長崎県	3402
3	宮城県	2504
4	静岡県	2081
5	青森県	1869
6	三重県	1811
7	愛媛県	1427
8	島根県	1375
9	千葉県	1288
10	広島県	1234

（単位：百t）　　　（2017年）
（2020年版「データでみる県勢」）

📝 まとめテスト

解答

- □❶ 図1中の世界最大級のカルデラをもつ▲の火山名を答えよ。
- □❷ 図1中の@の平野名を答えよ。
- □❸ 図1中の⑥の平野で栽培（さいばい）の盛（さか）んな工芸作物は何か。
- □❹ 図1中の©の平野で盛んな，野菜などの収穫（しゅうかく）を早める栽培方法を何というか。
- □❺ 図1中の@の地域と@の県で栽培が盛んな果物を次から1つずつ選べ。

  ㋐ もも　　㋑ ぶどう　　㋒ みかん　　㋓ 日本なし
- □❻ 図1中の①の地域で盛んな農業を次から2つ選べ。

  ㋐ 稲作（いなさく）　㋑ 畑作　㋒ 酪農（らくのう）　㋓ 畜産（ちくさん）
- □❼ 図1中の⑨の山地一帯で人口が著（いちじる）しく減少している現象を何というか。
- □❽ 図1中の A の工業地域は1901年に操業を始めた工場を中心に発展した。この工場を何というか。
- □❾ 図1中の B の工業地域に位置し，鉄鋼業が盛んな都市を次から1つ選べ。

  ㋐ 福山（ふくやま）　㋑ 周南（しゅうなん）　㋒ 広島　㋓ 宇部（うべ）
- □❿ 図2中の🔵の3つの山脈を合わせた名称（めいしょう）を答えよ。また，@の山脈名，⑥の山地名を答えよ。
- □⓫ 図2中の©の平野名を答えよ。
- □⓬ 図2中の@の湖名を答えよ。

図1

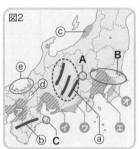

❶ 阿蘇山（あそさん）

❷ 筑紫平野（つくしへいや）

❸ い草

❹ 促成栽培（そくせいさいばい）

❺ @エ
　@ウ

❻ イ・エ

❼ 過疎（かそ）

❽ 八幡製鉄所（やはたせいてつしょ）

❾ ア

❿ 日本アルプス
　@赤石山脈（あかいしさんみゃく）
　⑥紀伊山地（きいさんち）

⓫ 越後平野（えちごへいや）

⓬ 琵琶湖（びわこ）

□⑬ 図2中の⑥の湾で見られる，入り江の多い複雑な 地形の海岸を何というか。

⑬ リアス海岸

□⑭ 図2中の A の地域で盛んな，野菜などの収穫を遅 らせる栽培方法を何というか。

⑭ 抑制栽培

□⑮ 図2中の B の地域で盛んな，大都市向けの野菜や 花を栽培する園芸農業を何というか。

⑮ 近郊農業

□⑯ 図2中の C の地域で養殖が盛んな水産物を次から 1つ選べ。

　　ア うなぎ　　イ 真珠　　ウ かき　　エ たい

⑯ イ

□⑰ 次の文にあてはまる工業地帯・地域を図2中のア〜 オから1つずつ選べ。

①浜松でオートバイや楽器の生産が盛んである。

②印刷業が盛んである。

③日本最大の工業地帯で機械工業の割合が高い。

④金属工業の割合が高く，中小工場が多い。

⑰ ①ウ
　　②エ
　　③イ
　　④ア

□⑱ 図3中のⓐの山脈名を答えよ。

⑱ 奥羽山脈

□⑲ 図3中のⓑの平野名を答えよ。 また，下流にⓑの平野が広がる 河川を答えよ。

⑲ 庄内平野, 最上川

□⑳ 図3中のⓒの海岸名を答えよ。

⑳ 三陸海岸

図3。

□㉑ 図3中のⓓ〜ⓕの平野・台地名 を答えよ。また，ⓓで盛んな農 業を次から1つ選べ。

　　ア 畑作　　イ 酪農　　ウ 稲作

㉑ ⓓ石狩平野
　　ⓔ十勝平野
　　ⓕ根釧台地
　　ウ

□㉒ 図3中の A の夏に吹く北東風を何というか。

㉒ やませ

□㉓ 東北自動車道沿いに形成された，電子部品や自動 車の工場を計画的に集めた地域を何というか。

㉓ 工業団地

□㉔ 右のグラフはそれぞ れ何の果物の生産統 計を表しているか答 えよ。

㉔ ①りんご
　　②さくらんぼ

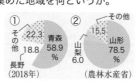

① その他 22.3 青森 58.9% 長野 18.8 (2018年)

② その他 15.5 山形 78.5% 山梨 6.0 (農林水産省)

装丁デザイン　ブックデザイン研究所
本文デザイン　京田クリエーション
　　図　版　デザインスタジオエキス.
　イラスト　ウネハラユウジ

写真所蔵・提供
阿蘇火山博物館　キングサウード大学日本語プログラム　国土交通省京浜河
川事務所　ピクスタ　㈱夢市場　㈱ラティーノ　若狭湾青少年の家　ほか
〈敬称略・五十音順〉

本書に関する最新情報は, 小社ホームページにある**本書の「サポート情報」**を
ご覧ください。(開設していない場合もございます。)
なお, この本の内容についての責任は小社にあり, 内容に関するご質問は直接
小社におよせください。

中学 まとめ上手 地理

| 編著者 | 中学教育研究会 | 発行所 | **受験研究社** |
| 発行者 | 岡　本　明　剛 | | ©株式会社 **増進堂・受験研究社** |

〒550-0013 大阪市西区新町2―19―15
注文・不良品などについて：(06)6532-1581(代表)／本の内容について：(06)6532-1586(編集)

注意 本書の内容を無断で複写・複製(電子化
を含む)されますと著作権法違反となります。

Printed in Japan　ユニックス(印刷)・高廣製本

落丁・乱丁本はお取り替えします。